비상장 주식투자 가이드북

비상장 주식투자 가이드북

발 행 | 2020년 10월 13일
저 자 | 구성투(구조적 성장에 투자)
펴낸이 | 한건희
펴낸곳 | 주식회사 부크크
출판사등록 | 2014.07.15(제2014-16호)
주 소 | 서울특별시 금천구 가산디지털1로 119 SK트윈타워 A동 305호
전 화 | 1670-8316
이메일 | info@bookk.co.kr

ISBN | 979-11-372-2033-1

www.bookk.co.kr
© 구성투 2020

비상장
주식투자
가이드북

구성투 지음

CONTENT

2020년 7월 SK바이오팜의 상장 대박으로 최근 일반 투자자들 사이에서 공모주 투자에 대한 관심이 뜨거워지고 있다. 그러나 유망한 공모주의 경우 수백대 일의 경쟁률을 예삿일이라 일반투자자 입장에선 용돈도 제대로 벌기 힘든 것이 현실이다. 이에 따라 투자자들의 관심이 자연스레 비상장 주식으로 옮겨갔지만, 정보는 부족하고 거래도 투명하지 않아 접근하기 어려웠었다.

그러나 2010년 이후 점진적으로 정책지원이 이뤄지는 가운데, 민간금융사에서 투명성을 높인 거래 플랫폼 등을 잇따라 출시하면서 단군이래 비상장 주식을 투자하기에 가장 쉽고 안전해진 것도 사실이다. 다만 거래안전성이 높아졌다고 해서 투자에 성공한다는 의미는 아니다. 정보비대칭이 심한 비상장 주식의 특성상 본인 스스로가 기업평가 등에 대한 기준이 없으면 소위 말하는 금융시장의 호구가 될 수 있기 때문이다.

그리하여 필자는, 업계 1위의 금융사에서 10년간 애널리스트로 근무한 경험을 바탕으로 비상장 주식투자에 대한 가이드북을 내기로 결심했다. 기존에 비상장 주식 투자에 대한 책이 없었던 것은 아니다. 그러나 대부분 비상장 주식 중개업체를 운영하는 사람이 낸 책으로 안전한 플랫폼을 통해 거래하는 것을 추천하기 보다는 본인들의 중개사업을 위해 개인간 거래를 권장하고, 심지어 회사가 가지고 있는 종목을 비싸게 팔기 위해 전망이 불투명한 벤처기업의 매수추천 사례까지 목격되곤 하였다. 과거 비상장 주식으로 수십억대의 사기를 쳤던 이희진 사건만 하더라도, 본인이 중개업체를 운영하며 허술한 개인간 거래를 악용했었고, 그 외 다수의 비상장 주식 사기사건 역시 비슷한 구조였다. 물론 중개업체가 모두다 나쁘다고 일방적으로 매도하는 것은 아니다. 다만 적어도 안전하게 거래할 수 있는 방법을 알고, 비싼 주식인지 아닌지 판별할 수 있는 지식이 있다면, 비상장 주식의 성공확률을 훨씬 높일 수 있지 않을까?

따라서 객관적이고 중립적인 입장에서 비상장주식 평가할 수 있는 기본 지식을 제공하고, 유망한 비상장주식을 안전하게 거래할 수 있는 방법을 설명하기 위해 본 책을 작성했다.

아무쪼록 수많은 일반 개미 투자자들이 기존에 벤처투자자들만 영위하던 비상장주식 투자의 과실을 함께 누렸으면 하는 마음이며, 이 책이 수백만 동학개미 투자자들의 비상장 주식투자를 위한 안내서가 되길 바란다.

덧붙여, 개인적으로 첫 책 집필이었는데, 항상 언제나 옆에서 부족한 나를 지지해주는 아내, 부모님 등 가족들에게 깊은 감사와 사랑의 말을 전하는 바이다.

1. 왜 지금 비상장 주식투자인가?

상장주식보다 잠재수익이 크다

거래가 투명해지고 유동성이 증가했다

정보접근성이 개선되었다

323:1

엄청난 경쟁률이다. 신의 직장이라 불리우는 금융공기업의 경쟁률일까? 아니면 서울 금싸라기 땅에서 분양되는 로또 아파트의 청약 경쟁률일까?

아래의 기사를 보자

[그림 1-1] 머니투데이 기사 헤드라인

이 기사는 20년 6월 25일에 보도된 머니투데이 기사이다. 올해 최대 대어 중 하나였던 SK바이오팜이 개인투자자들을 상대로 모집한 청약에서 323대 1의 경쟁률을 기록했다는 것이다.

기사제목처럼 1억을 넣어도 고작 13주만 받을 수 있었다. SK바이오팜의 공모가는 49,000원이기에 1억을 넣으면 고작 630,700원의 공모주식만 받을 수 있었다는 것이다.

이렇게 어려운 바늘구멍을 뚫고 받은 SK바이오팜의 주가는 어떻게 되었을까? 49,000원에 상장한 SK바이오팜은 상장일 7월 2일을 시작으로 3연속 상한가를 기록했으며, 7월 7일에는 장중 최고가인 269,500원을 기록하기도 했다. 4거래일 만에 원금의 4~5배까지 치솟은 것이다.

관련 기사를 접했던 독자들은 공모주 투자는 매력적이라고 생각했겠지만 동시에 엄청난 경쟁률 때문에 그림의 떡이라고 느꼈을 수도 있다. 주식 청약은 아파트 청약과는 달리 청약증거금에 비례해서 가져가기 때문에 SK바이오팜과 같이 뜨거운 주식은 엄청난 현금부자가 아니고서야 주식 청약에서 푼돈을 쥘 수밖에 없기 때문이다.

그런데… 그런데 만약 수백대 일의 공모주 희망고문 없이 SK바이오팜을 저렴하게 살수 있는 기회가 있다면? 그렇다면 내 자산의 크기를 크게 업그레이드 시킬 수 있지 않을까?

그것에 대한 해답이 바로 비상장주식 투자에 있다. 수백대 일의 경쟁률을 거치기 전에 우량 비상장주에 투자하여 차익을 얻는 방법. 기관 벤처투자자들이 잘 고른 기업 하나에 수백퍼센트씩 수익을 냈던 투자방법을 이제는 개인도 쉽게 접근할 수 있게끔 환경이 바뀌었기 때문이다.

이번 장에서 비상장 주식투자의 장점을 하나씩 알아보도록 하자.

상장주식보다 잠재수익이 크다

우선 비상장 주식의 가장 큰 매력은 상장주식보다 잠재수익이 큰 것이다.

그 이유는 몇가지로 설명할 수 있는데, 첫번째로 비상장 주식은 성장 초입에 있는 경우가 많기 때문이다. 기업은 언제 상장할까? 전성기일때 상장할까? 아니면 성공하기위해서 자금이 필요할 때 상장할까? 이 대답은 어느 시점을 기준으로 잡느냐에 따라 달라질 수 있다.

기업이 상장을 하게 되면 일반적으로 신주 청약을 받는다. 신주 발행의 대가로 유입되는 돈은 그대로 회사자본금으로 계상이 되며, 회사는 이 자금을 바탕으로 신규사업도 펼치고, 성장하고 있는 기존비즈니스에 재투자하기도 한다.

그런데 그 흐름이 달라지고 있다. 예전에는 기업이 성장하기 위해서는 주식시장을 찾아야했다. 그 이유는 우리나라 벤처캐피탈 업계가 충분히 발달하지 못했기 때문에 이들로부터 자금 지원을 받기 어려웠기 때문이다. 그래서 공시의무가 많아지고, 소액주주 등 수많은 주주들을 응대해야 하며, 기업회계도 더 엄격하게 관리

된다는 번거로움에도 불구하고 주식시장에 문을 두드렸다. 그러나 지금은 풍부한 유동성을 바탕으로 기관 벤처투자자들이 벤처기업 등 성장하는 기업들에게 적극적으로 자금지원을 하고 있다. 여기까지만 들어보면 좋은 스토리인 것 같다.

그런데 우리 같은 개인 투자자 입장에선 아니다. 주식상장이라는 수단이 예전에는 성장하기위한 자금확보 수단이었는데, 이제는 성장 막바지에 이른 기업들에 대한 벤처투자자들의 자금회수 수단으로 쓰이기 때문이다. 유니콘이란 말을 들어봤는가? 유니콘은 시가총액 1조 이상의 비상장 벤처기업을 말한다. 그런데… 왜 시가총액이 1조가 넘어서 3조… 10조가 되는데도 상장을 하지 않을까? 성장하는 동안 필요한 자금은 벤처투자자들이 대주기 때문이다. 그리고 성장의 막바지가 되어서야 기관 벤처투자자들이 자신들의 투자금을 회수하기 위해 상장을 진행한다. 이는 데이터를 통해서 확인할 수 있다.

[표 1-1] 한국 증시 시가총액 대비 벤처투자 운용액 비중

(단위: 兆원)	'11년	'13년	'15년	'17년	'19년
벤처투자 운용액(A)	95	105	124	205	274
韓증시 시가총액(B)	1,148	1,305	1,445	1,889	1,717
비중(A/B)	8.2%	8.0%	8.6%	10.8%	16.0%

※ 출처: 한국벤처캐피탈협회, 한국거래소(KRX)

놀랍지 않은가? 2011년만 해도 한국 주식시장 시가총액 대비 8.2% 규모였던 벤처캐피탈 규모가 19년말에는 16%로 두배 가까이 증가한 것을 볼 수 있다. 개인자금이 벤처캐피탈에 유입되기 힘든 환경임을 감안한다면, 고성장 기업에서 얻을 수 있는 개인투자자의 몫이 줄어든 반면 기관벤처투자자의 몫이 커진 것으로 해석할 수 있다.

벤처캐피탈의 장점도 분명히 있지만, 적정 수준을 넘어서면 성장의 과실을 독점하는 문제가 생기는데, 시가총액 대비 16%의 비중은 분명 작다고 말할 수 없는 규모다.

자, 이대로 기업 성장의 몫을 강탈당할 것인가? 아니면 비상장 주식에 적극 투자해서 성장주 초기투자의 이점을 누릴 것인가?

비상장 주식의 잠재수익이 큰 또 하나의 이유는 바로 제한된 수급이다. 비상장 주식시장의 제한된 수급으로 인해 상장시 가격이 크게 뛸 가능성을 가지고 있는 것이다. 모든 상품의 가격은 수요와 공급이 일치하는 선에서 결정된다. 이것은 경제학의 기본 중의 기본이다.

예를 들어 설명해보겠다. 비상장 주식시장에서 활동하는 총 투자자수를 1만명이라고 해보자. 그리고 그 중 비상장 기업 A를 현재의 시장가격으로 사고 싶어하는 투자자는 비상장 투자자수의 1%인 100명이라고 해보자. 그리고 기업의 주주 중 현재가격에 주식을 매도하려는 사람 또한 100명이라고 해보자. 가정의 단순화를 위해 각 주주와 투자자는 같은 수의 주식을 사고 판다고 해보자. 이러한 경우 수급이 정확히 일치하기에 그 주식의 가격은 현재가격에서 크게 변하지 않을 것이다.

그런데 어느 날 그 A라는 기업이 상장을 하게 되었다. 여기서 만약 가격이 동일하다면 주식을 파려는 사람은 기존 주주인 100명으로 동일할 것이다. 그런데 상장 주식시장에서 활동하는 투자자수는 1,000만명이다. 상장주식은 대안이 더 많으므로(종목 수가 더 많으므로) 0.01%만이 A기업에 관심있다고 가정해보자. 1,000만명의 0.01%는 1천명으로 비상장주식 시절의 100명의 10배인 것이다. 팔려는 주주는 100명 그대로인데 사려는 투자자가 열 배가 된다면? 가격은 무조건 오를 수밖에 없다. 바로 수급에 의해.

즉, 비상장 주식투자는 성장초기의 기업에 투자하여 성장의 과실을 누림과 동시에 추후 상장에 따른 수요증가를 기대할 수 있는 고수익 투자이다.

《 참고 》

　비상장 주식 활동계좌 수에 대한 통계가 없으므로, 거래대금 규모 비교를 통해 대신 가늠해보자면, 2020년 8월 기준으로 상장주식의 대표시장인 코스피의 거래대금은 323.9조원으로 비상장 주식 대표시장인 K-OTC의 거래대금인 1,481.5억에 비해 2000배 이상 크다. 기업이 상장을 하게 되면 더 큰 시장에서 더 많은 투자자에 주목을 받게 됨은 자명하다.

거래가 투명해지고 유동성이 증가했다

다음은 2017년 12월 15일 한국경제시문에서 장외주식(비상장주식) 관련하여 낸 기사의 헤드라인이다.

[그림 1-2] 한국경제신문 기사 헤드라인

한국경제
장외주식 사설사이트 '먹튀 주의보'

A27면 1단 | 기사입력 2017.12.15. 오후 5:47 최종수정 2017.12.16. 오전 7:19   기사원문   스크랩

5   2

안전장치 없는 거래로 피해 급증
경찰, 최근 700억대 사기범 적발
"공인된 시장서 거래해야"

비상장주식은 원칙적으로 개인간 거래하기 때문에 사기를 당하기 쉽다는 것이다. 이는 한번씩 접해본 중고나라에 준해서 생각해 보면 이해하기가 쉬울 것이다. 중고나라에서 개인간 거래를 하는 방식이나 비상장주식을 거래하는 방식이나 동일하기 때문에 사기가 발생하기 쉬운 것이다. 즉 계약 상대방이 국가기관이나 지속적

으로 사업을 영위하는 기업이 아니기 때문에 거래 상대방에 대한 신용리스크가 존재한다는 것이다.

자, 그러면 높은 잠재수익을 보유하고 있는 비상장 거래를 포기해야 하는 것일까? 비상장 주식의 개인간 거래는 위험하다는 것은 사실이다. 그런데 2013년 이후 비상장 주식을 거래할 수 있는 국가공인 시장이 생겨나기 시작했으며, 최근에는 카카오가 투자한 회사로 유명한 두나무 등에서 안전하게 비상장주식을 거래하는 플랫폼을 출시하는 등 계약 상대방에 대한 리스크가 급격하게 줄어들고 있다.

다음장에서 자세히 설명하겠지만, 간략히 여기서 언급하자면, 비상장 주식을 거래하는 방법에는 크게 3가지가 있다.

첫번째로 공인 시장인 코넥스(KONEX, 2013년 설립)와 K-OTC(2014년 설립) 시장에서 거래하는 방법이다. 이들 시장은 한국거래소와 금융투자협회가 운영하고 있으며, 상장주식과 동일한 방식으로 매수-매도가 이루어지기 때문에 원칙적으로 사기가 발생할 수 없다. 상장주식과 다를 바가 없다.

두번째로는 정부 및 기업 주도의 비상장주색 중개거래 플랫폼을 활용하는 것이다. 대표적인 것이 증권플러스 비상장, 엔젤리그, K-OTC BB 등이 있다. 이러한 플랫폼들에서는 매도자의 주식 보유여부를 확인하고 거래를 중개하기 때문에 위험부담을 덜 수 있다. 플랫폼별 특징과 거래방법에 대해서는 다음장에서 설명하겠다.

마지막으로는 38커뮤니케이션, P스탁 등 예전부터 존재하던 비상장주식 커뮤니티 사이트에서 1:1로 개인간 거래하는 것이다. 플랫폼을 이용한 거래에 비해 수수료를 아낄 수 있다는 장점이 있지만, 공식적인 중개기관이 없기 때문에 사고 발생의 가능성이 다른 거래방식보다 높다. 따라서 가급적이면 다른 수단으로 거래를 하되 이들 커뮤니티는 여전한 비상장 정보교류의 장으로써 게시판 등을 활용하여 비상장 주식정보나 시세 등을 조회하는 목적으로는 사용하는 것도 한가지 방법이 될 수 있다.

이와 같이 첫번째 방법과, 두번째 방법을 활용한다면 거래상대방 리스크를 제거할 수 있다. 그런데 2013년 이후 도입된 제도들과 플랫폼들이 주는 혜택이 한가지가 더 있다. 바로 비상장주식의 유동성이 크게 증가했다는 것이다. 비상장 주식거래가 안전해질수록 비상장 주식투자에 참여하는 개인투자자는 늘어나기 마련이기 때문이다.

흔히들 비상장 주식은 유동성이 적고, 매도-매수 호가차이가 많이 벌어져 있어 원하는 시점에 원하는 수량을 사고 팔기가 어렵다고들 하는데, 이는 어느정도 맞는 말이다. 그러나 앞서 말했듯 거래 안정성 등의 개선으로 인해 거래대금이 점점 증가하고 있는 추세로, 특히 코넥스와 K-OTC 시장의 경우 개인이 한 종목에 수억 ~수십억 규모로 크게 투자하는 경우가 아니라면 투자 하는데 있어 크게 걸림돌이 되지 않으며, 플랫폼을 통해서 거래할 경우에도 과거에 비해 유동성이 크게 개선되었음을 알 수 있다.

[표 1-2] 코넥스, K-OTC 시장 시가총액 및 거래지표 추이

구분		법인 수	시가총액(兆원)		일평균 거래지표	
			합산	평균	거래량 (만주)	거래대금 (억원)
코 넥 스	'20.8월	145	61.3	0.4	70.9	67.1
	'20.7월	145	55.4	0.4	87.8	77.7
	'20.6월	147	51.7	0.4	76.7	50.1
K- OTC	'20.8월	137	150.0	1.1	112.3	74.1
	'20.7월	137	148.1	1.1	110.7	68.8
	'20.6월	137	144.7	1.1	86.5	53.6

※ 법인수/시가총액은 월말 기준

　출처: 한국거래소(KRX), 금융투자협회

　위의 표는 비상장 공인시장인 코넥스와 K-OTC 시장의 거래지표 통계이다. 생각보다 법인당 시가총액도 크고, 시장 전체의 거

래량과 거래대금도 크지 않은가?

　코넥스의 법인별 시가총액 평균은 약 4천억 수준이고, K-OTC
는 그보다 더 큰 1.5조 수준이다. 코넥스 시장의 일평균 거래량은
80만주 안팎이며 거래대금은 60억수준이다. K-OTC 시장은 일평
균 거래량은 백만주 수준이고, 일평균 거래대금은 60억수준이다.
앞서 말했듯 종목당 수억을 투자할 정도의 재력이 있거나, 설립
극초기로 시가총액 수십억~수백억 수준의 기업에 투자하는 것이
아니라면 비상장기업에 투자하는 데 있어 유동성이 큰 문제가 되
지 않는 다는 것을 알 수 있을 것이다. 이는 해당 시장에 SK건설,
삼성메디슨, 포스코건설 등 대기업 계열사는 물론 오상헬스케어,
넷마블네오 등 성장하는 스타트업이 포함되어 있음을 감안한다면
그리 놀랄 수치는 아니다. 또한 두 시장 합산 법인수는 282개로,
2020년 8월말 코스피 시장의 법인수인 795개와 비교했을 때 절
대로 적은 규모가 아니다.

　그렇다면 플랫폼에서 거래되는 종목들은 어떨까? 플랫폼별로 통
계를 제공하지는 않기 때문에 비상장 주식 플랫폼에서 점유율이
가장 높은 것으로 알려진 증권플러스 비상장의 게시글 기준 상위
30개 종목을 살펴보겠다. 참고로 증권플러스 비상장은 4,000여개
의 비상장 주식을 거래할 수 있다고 홍보하고 있다.

[표 1-3] 주요 비상장기업 게시글 수 및 시가총액 현황

게시글 순위	종목명	시가총액(억원)	게시글(개)
1	카카오게임즈	44,048	33,154
2	낙스	543	4,531
3	카리스	662	4,519
4	솔젠트	1,754	4,470
5	온페이스게임즈	1,196	4,369
6	카카오뱅크	390,653	4,327
7	빅히트엔터테인먼트	N/A	2,171
8	크래프톤	98,236	1,707
9	브이알엔에프	535	1,703
10	엔쓰리엔	1,102	1,674
11	솔루엠	10,462	1,204
12	씨티씨생명과학	35	1,155
13	지엔티파마	3,178	1,109
14	뷰노	2,107	854
15	엔에스스튜디오	586	848
16	레오모터스	40	674
17	하임바이오	343	645
18	스탠다드그래핀	327	591
19	온페이스	274	509

20	노보셀바이오	353	468
21	바디프렌드	7,960	452
22	프레스티지바이오	4,888	447
23	필로시스	841	438
24	LG씨엔에스	61,038	361
25	웰리스	112	328
26	에이프로젠	13,312	317
27	비바리퍼블리카	N/A	313
28	바이오스탠다드	853	312
29	피플바이오	1,721	288
30	비센	85	269

※ '20년 9월 4일 기준 / 출처: 증권플러스 비상장

종목명부터 한번 훑어보자. '20년 9월초 현재 곧 상장하는 카카오게임즈가 게시글이 제일 많은 것을 볼 수 있다. 다음장에서 후술하겠지만 플랫폼에서 거래하는 경우 희망하는 가격을 매수/매도 게시판에 올려서 그 가격을 기반으로 거래하는 시스템이기 때문에 게시글이 많을수록 해당 종목의 유동성이 높다고 볼 수 있다. 그 밑으로 내려오다 보면 이름이 익숙한 카카오뱅크, 방탄소년단 (BTS)의 소속사 빅히트엔테인먼트, 배틀그라운드로 유명한 크래프톤, 안마기로 유명한 바디프렌드, LG그룹의 계열사인 LG씨엔에스, 금융플랫폼 토스(TOSS)로 유명한 비바리퍼블리카 등이 있다.

아웃라이어인 카카오뱅크와 시가총액이 산출이 안되는 빅히트 엔터테인먼트, 비바리퍼블리카를 제외한 나머지 27개 기업의 시가총액 평균은 9,503억이다. 게시글 평균은 아웃라이어인 카카오 게임즈를 제외하면 평균 1,416개이다. 앞서 봤던 코넥스나 K-OTC에 비해 거래가 현저히 적다고 느껴지는가? 거래소 또는 금융투자협회가 운영하는 공인시장에서 시스템으로 거래되는 것이 아니기에 상대적으로 거래가 적을 수밖에 없지만, 해당 종목들이 비단 증권플러스 비상장 뿐 아니라 엔젤리그, 38커뮤니케이션, P스탁, K-OTC BB 등 복수의 플랫폼에서 동일한 종목이 거래된다는 것을 감안하면, 실제의 거래량은 더 많을 것이다.

특히 SK바이오팜 상장이후 비상장주식에 쏠리는 급격한 관심을 감안한다면, 이용자 증가에 따라 유동성은 더더욱 증가할 것으로 판단되는데, '20년 9월 4일 복수의 언론 보도에 따르면 증권플러스 비상장의 누적가입자수는 18만명, 월간 활성 이용자는 9.3만명으로 확인되었다. 이는 서비스 출시 1년도 안되어서 달성한 수치로, 비상장주식에 쏠리는 투자자들의 관심을 반영하고 있다.

앞서 설명했듯 증권플러스 비상장 말고도 비상장 주식을 거래할 수 있는 복수의 플랫폼이 존재하기에 비상장 주식 투자자는 이보다 훨씬 많을 것으로 추정된다. 플랫폼에서 거래되는 주식은 코넥스/K-OTC에서 거래되는 주식보다 유동성이 작긴 하지만 과거에

비해 크게 개선되었으며 점점 더 많은 투자자의 유입으로 거래가
더욱 활성화 될 것 이라고 확신한다.

정보접근성이 개선되었다

    지금까지 비상장 주식투자가 높은 수익을 올릴 수 있는 투자로써 거래를 안전하게 할 수 있고 시장 유동성도 개선되는 것을 확인해 보았다.

    그런데 비상장주식을 하는 데 있어 흔히들 우려하는 부분은 도대체 정보가 없다는 것이다. 어떤 기업이 유망한 기업이고, 무슨 사업을 하며, 언제 상장을 추진할 것인가 등에 관해서이다.

    이 부분이 비상장주식의 약점은 맞다. 하지만 이 또한 급속도로 개선되고 있다. 우선 코넥스의 경우 코넥스 상장기업은 네이버금융이나 HTS에서 검색이 된다. 이를 통해 기업개요나 재무제표 등을 쉽게 확인할 수 있다. 뿐만 아니라 한국거래소가 2015년 하반기부터 진행하고 있는 KRP:Konex Research Project는 증권사 리서치센터와 연계하여 반기마다 종목분석 보고서를 연간 100개 이상 발간한다. 코넥스 시장 법인수가 145개임을 감안하면 절대 적지 않은 숫자이다.

    K-OTC의 거래기업의 경우는 네이버금융이나 HTS에서 개요가 검색되지는 않지만, 마찬가지로 금융투자협회에서 K-OTC에서

거래되는 전체 기업에 대해 반기별로 기업분석보고서를 작성한다. 정량분석 위주이지만 전체 기업에 대해 보고서를 발간하기 때문에 커버리지율이 사실상 100%이다. 또한 K-OTC 거래기업의 경우에도 상장을 추진하는 기업이라면 증권사 보고서가 발간되는 경우도 있다.

코넥스 및 K-OTC 상장기업 이외의 경우에는 이보다 정보접근성이 떨어지는 것은 사실이다. 그러나 나이스디앤비라는 기업신용정보 제공기관에서 주요 비상장기업에 대해 분석보고서를 발간하고 있으며, 해당보고서들은 증권플러스 비상장 등 비상장주식 거래플랫폼에서 현재 무료로 제공되고 있다. 뿐만 아니라 비상장기업에 대해 관심이 증가하면서 일반인이 투자할 만한 비상장 기업들에 대해서는 언론을 통해 다양한 정보들이 공개되고 있고, 전자공시시스템에서 재무제표를 비롯한 여타 정보들을 확인할 수 있기 때문에 본인이 충분히 주의를 기울인다면, 투자하는데 참고할 만한 다양한 정보를 얻을 수 있다.

종합적으로 보면 상장기업보다 정보접근성이 떨어지긴 하지만, 점점 개선되고 있으며, 특히 상장 후 많은 정보가 공개되는 시점에는 이미 상당폭의 주가상승이 진행됐을 수 있기 때문에 높은 수익을 얻기가 어려울 것이다. 구더기 무서워 장 못 담그기 보다는 분석을 동반한 실행력이 필요한 때이다.

2. 비상장 주식 거래하기, 정보 얻기

코넥스와 K-OTC

플랫폼

커뮤니티

코넥스와 K-OTC

이번에는 비상장주식의 정보는 어디서 찾고, 거래는 어떻게 하는지 살펴보도록 하자. 제일 먼저 비교적 정보접근성이 좋고 거래하기가 용이한 코넥스와 K-OTC 시장을 보자.

먼저 시장에서 정보를 찾고 거래하는 방법을 알아보기 전에, 앞서 간략히 언급하긴 했지만 코넥스 및 K-OTC 시장의 개요와 특성 대해 알아보자.

[표 2-1] 주요 비상장기업 게시글 수 및 시가총액 현황

구분	코넥스시장	K-OTC시장
상장 대상	초기 중소·벤처기업 (중소기업으로 한정)	비상장 대기업·유명기업 등
법적지위	상장법인	비상장법인
상장 요건	상장외형요건 폐지	사업보고서 제출법인 /공모실적

	전문투자자, VC, 일반투자자(기본예탁금 1억원 이상 또는 소액투자 전용계좌 이용자)	모든 투자자(제한 無)
시장참여자	전문투자자, VC, 일반투자자(기본예탁금 1억원 이상 또는 소액투자 전용계좌 이용자)	모든 투자자(제한 無)
공시의무사항	사업보고서 주요사항보고서 수시공시	사업/분반기보고서 주요사항 보고서

※ 출처: 한국거래소

  상기의 표는 한국거래소에서 제공하는 코넥스 및 K-OTC 시장의 특징을 비교한 도표이다.

  코넥스부터 보자면 거래기업들의 법적지위가 상장법인인 것이 눈에 띈다. 여태껏 코넥스시장에서 거래되는 주식을 비상장주식의 컨셉으로 설명하긴 했지만, 엄밀히 말하면 상장주식이며 일종의 제3시장에 상장된 주식이라고도 볼 수 있다. 다만, 코넥스 시장에서 거래되는 기업은 비상장기업 거래시 누릴 수 있는 초기기업 투자효과 및 코스닥으로의 이전 상장에 따른 가격상승효과를 누릴 수 있기에 투자자관점에서 사실상 비상장기업처럼 투자할 수 있기에 본 책의 분석대상에 포함을 하였다.

  야구나 스포츠에 프로리그, 2부리그가 있듯이 프로리그인 코스피(유가증권시장)와 코스닥 시장 그리고 2부리그인 코넥스시장인 것이다. 일반적으로 스포츠에서 2부리그에서 뛰던 선수가 1부리그로 올라가면 연봉이 크게 뛰게 된다. 이는 코넥스 시장에서 코스피, 코스닥 시장으로 옮겨갈 때도 마찬가지다. 그 이유는 코스피, 코스닥 시장의 상장요건이 훨씬 까다롭기 때문에 해당시장에 상장하는 것 자체가 한국거래소에서 어느 정도의 사업의 안정성, 규모 등을 인정한 셈이 되고, 증권사에서도 커버를 하기 시작한다.

특히 코스피, 코스닥 시장에서 활동하는 투자자 수가 월등이 많기 때문에 수요증가에 따른 가격상승이 가능하다. (반면, 코스닥에서 코스피 시장으로 이전상장 할 때는 그것 자체가 주가상승의 트리거가 되는 경우는 드물다. 코스피-코스닥 시장간 정보공개정도, 유동성에서 크게 차이가 없기 때문이다.) 이는 초기 또는 성장 기업을 저가에 사서 기업이 성장하거나 코스피/코스닥 시장에 상장하고 나서 판다는 비상장투자 로직에 부합한다.

실제로 한국거래소(KRX)에서도 코넥스 시장을 "자본시장을 통한 초기 중소·벤처기업의 성장지원 및 모험자본 선순환 체계 구축을 위해 개설된 초기·중소기업전용 신시장"이라고 설명하고 있으며, 연평균 10여개의 기업들이 코넥스 시장에서 코스닥시장으로 이전상장하고 있다. 이는 매년 코넥스 시장의 5%~10%가 이전상장한다는 의미이므로 꽤 높은 비율이다.

아래의 내용은 한국거래소의 코넥스 월간 마켓브리프 '20년 8

월호에서 발췌한 내용으로 코넥스 시장이 '13.7월에 개장한 것을 감안하면 적지 않은 숫자의 기업들이 이전상장한 것을 확인 할 수 있다.

[그림 2-1] 주요 비상장기업 게시글 수 및 시가총액 현황

□ **[이전상장 현황]** '20.8월말 현재 이전상장 완료 기업 수는 총 62社.*
* 최근 이전상장 기업 수 : '19년 12社, 20년 6社
** 코스피·코스닥 상장법인 피흡수합병 5社(퓨얼셀, 판타지오, SGA시스템즈, 엔케이맥스, 인프라웨어테크놀러지) 제외

※ 출처: 한국거래소, 코넥스 월간 마켓 브리프('20.8월)

자 그러면 코넥스 시장에서 거래되는 기업의 정보는 어디서 얻을까? 우선 코넥스 시장에서 거래되는 종목은 법적으로 상장기업이기에 HTS나 MTS에서 거래가 가능하며, 따라서 해당종목명을 매매시스템 또는 네이버에서 검색하면 기본적인 정보를 조회할 수 있다.

다음의 그림은 '20년 9월 4일 기준 코넥스 시장 시가총액 1위 기업인 지놈앤컴퍼니를 각각 네이버금융과 미래에셋대우 HTS에서 검색한 화면이다. 미래에셋대우는 FN가이드와 제휴하여 기업정보를 제공한다.

[그림 2-2] 지놈앤컴퍼니 네이버 금융 검색화면

[그림 2-3] 지놈앤컴퍼니 미래에셋대우 HTS 기업정보 검색화면

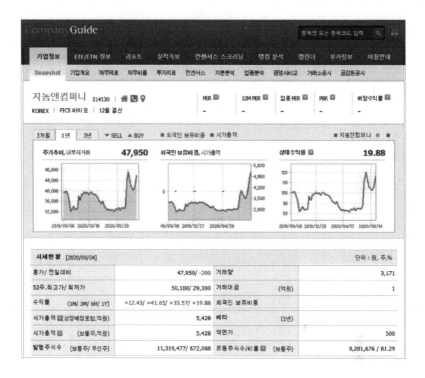

보이는것과 같이 코스피 또는 코스닥 상장종목과 다를 것 없이 기업의 기본정보를 조회해볼 수 있다. 또한 마찬가지로 기업의 자세한 내용과 분석의견은 사업보고서과 증권사 리포트 등을 통해 알아볼 수 있다.

사업보고서는 전자공시시스템(dart.fss.or.kr)에서 조회해볼 수 있다. 다만 코넥스 시장 상장 기업은 원칙적으로 분·반기 보고서

공시의무가 면제가 되는데, 시가총액이 큰 기업이나 이전상장을 추진하고 있는 기업, 그 외 IR에 적극적인 기업들은 별도의 자료 발표를 통해 분·반기 재무실적을 공시하는 경우도 있으니 투자하고 싶은 기업이 있다면 각회사의 IR이나 보도자료 페이지 등을 확인해보자. 전자공시시스템에서 조회되는 지놈앤컴퍼니 공시들과 사업보고서 등을 통해 회사 사업의 구체적인 내용을 볼 수 있다.

[그림 2-4] 지놈앤컴퍼니 전자공시시스템 검색화면

[그림 2-5] 지놈앤컴퍼니 2019년 결산 사업보고서 표지

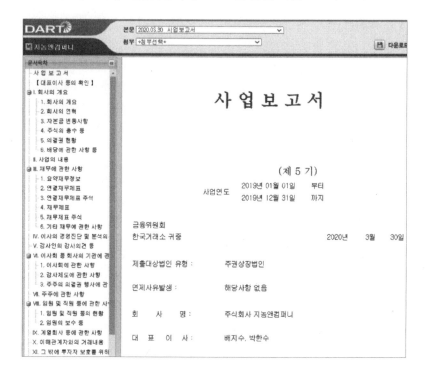

이번에는 증권사 리서치센터에서 발간하는 기업분석보고서를 참고하는 방법을 알아보자.

앞장에서 언급했던 것처럼 한국거래소는 2015년 하반기부터 반기별로 증권사 리서치센터와 연계하여 KRP:Konex Research Project를 진행하고 있는데, 이에 따라 코넥스 성장기업들의 기업분석보고서가 무료 배포되고 있다. 보고서를 확인하는 주소는 한

국거래소가 운영하는 코넥스 홈페이지 konex.krx.co.kr 에서 자료실〉기업분석보고서 메뉴로 들어가면 확인할 수 있다.

한국거래소에 따르면 보고서가 나온 코넥스 상장기업의 거래계좌와 거래대금이 보고서에 나오지 않은 기업에 비해 각각 44.7%와 36.8%가 많았다고 하며, 보고서에 따른 투자자 관심증가로 보고서가 나온 기업들의 평균 시가총액은 2015년 367억원에서 2019년말 455억원으로 증가했다고 하니, 보고서가 나오는 기업들을 중심으로 보는 것도 한가지 방법이 될 수 있다.

지놈앤컴퍼니도 2019년 상반기부터 3회에 걸쳐 기업분석리포트가 발간된 것을 확인할 수 있다.

[그림 2-6] 지놈앤컴퍼니 기업분석리포트 발간 현황

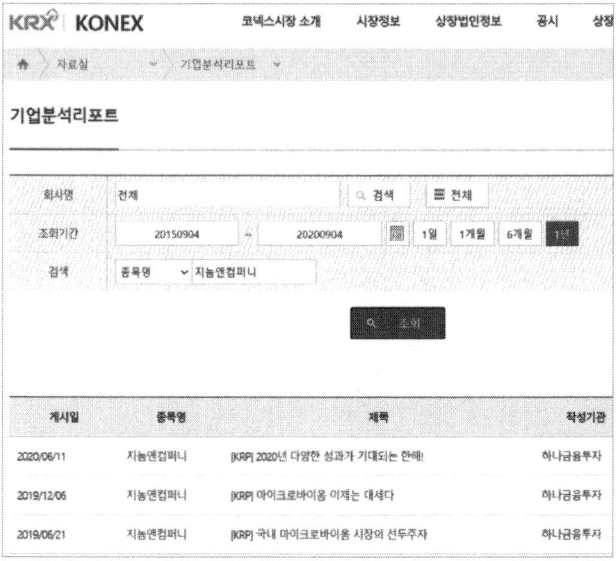

지금까지 코넥스 시장에서 거래되는 기업의 정보를 얻는 방법을 알아봤다. 그렇다면 K-OTC 시장은 어떠할까?

[표 2-1] 주요 비상장기업 게시글 수 및 시가총액 현황

구분	코넥스시장	K-OTC시장
상장 대상	초기 중소·벤처기업 (중소기업으로 한정)	비상장 대기업·유명기업 등

법적지위	상장법인	비상장법인
상장 요건	상장외형요건 폐지	사업보고서 제출법인 /공모실적
시장참여자	전문투자자, VC, 일반투자자(기본예탁금 1억원 이상 또는 소액투자 전용계좌 이용자)	모든 투자자(제한 無)
공시의무사항	사업보고서 주요사항보고서 수시공시	사업/분반기보고서 주요사항 보고서

※ 출처: 한국거래소

앞에서 봤던 표를 다시 보자. 역시 가장 큰 차이점은 K-OTC 거래기업은 법적으로 비상장기업이라는 것이다. 또한 코넥스법인 의 상장대상은 초기 중소벤처기업이지만 K-OTC 시장에서는 벤 처기업부터 대기업의 비상장법인까지 거래가 된다.

그럼 K-OTC 시장에서 거래되는 종목의 정보는 어떻게 얻을 수 있을까?

코넥스시장 기업은 네이버금융에서 검색이 됐었지만 K-OTC에 서 거래되는 기업은 네이버 금융에서 검색이 되지 않는다. HTS

의 경우에는 HTS에서 거래를 하기 때문에 검색은 되지만 기업정
보에서 공란이 많다. 이에 따라 상장기업에 대해서만 정보를 제공
하는 외부업체의 자료를 끌어오지 못한 탓이다. K-OTC 거래기업
이 법적인 비상장 기업이기 때문이다. K-OTC 단어 자체가
Korea Over The Counter의 약자로 한국 장외시장이라는 뜻이며,
운영도 한국거래소가 운영했던 코넥스 시장과는 달리 금융투자협
회가 운영하고 있다.

　그러면 K-OTC기업개요는 어디서 확인할 수 있을까? 1차적으로
는 전자공시시스템에서 사업보고서 등 자료원본을 확인하는 수가
있다. 단, K-OTC는 코넥스 상장기업과 다르게 1년 결산 사업보
고서는 물론이고 분·반기 보고서를 작성한다. 네이버 금융에서 구
할 수 없지만 더 자세한 원자료를 얻을 수 있는 것이다.

　사실 네이버나 HTS의 기업개요란에서 제공하는 정보가 기업의
공시자료를 바탕으로 작성되는 것임을 감안한다면, 분·반기 보고
서가 나오는 K-OTC기업이 오히려 정보가 더 많은 정보가 주어
진다고 볼 수 있다.

　아래는 전자공시시스템에서 2019년 K-OTC 거래대금 1위를
기록한 비보존을 검색했을 때 나오는 결과들이다. 분기보고서와

반기보고서가 공시되었음을 확인할 수 있다.

[그림 2-7] 비보존 전자공시시스템 검색화면

이렇게 K-OTC 거래기업에 대해 개별적으로 정보를 찾아볼 수도 있지만, 금융투자협회에서 제공하는 기업분석 보고서 또한 참고할 만 하다.

K-OTC를 운영하는 금융투자협회는 1년에 두번씩 K-OTC에서 거래되는 전체 기업들에 대한 기업분석보고서를 발간한다.

www.k-otc.or.kr 〉 자료실에서 검색이 가능하다.

가장 최근에 나온 보고서는 2020년 6월 29일에 발간이 되었는데, 분량이 무려 1,073페이지나 된다. 기업당 평균 8페이지의 분량이며, 정량적 분석중심으로 서술되어 있어서 기업을 한눈에 파악하기가 편하다. 특히 K-OTC 전체기업에 대해 나와있는 만큼 투자대상을 발굴하기에 좋은 자료기도 하다.

[그림 2-8] 비보존 기업분석보고서 첫페이지

01 HighLight

㈜비보존 (276620)

VIVO ZONE CO.,LTD.
비마약성 진통제의 신약개발 업체
연구개발업

내표이사	이두현	주소	경기 용인시 기흥구 구성로 357 ,나동 9층 ,10층
구상화		대표전화	02-916-1004
설립일	2008.05.05	주식담당자	02-916-1004
등록.상장일	2018.05.26	감사의견	적정 (삼일회계법인)
발행주식수 (보통/우선,신주)	26,780 / -	주거래은행	
그룹명	(142)엔론엔에프세아	주요품목	의학 (신약)연구.개발 /생물학적 재제 제조
홈페이지	www. vivozon.com /		
특기사항	㈜텐큰생명과학 (1.9896)를 흡수합병함 20170619		

주요주주현황	매출구성
56.37 % 22.72 % 17.91 % ㈜앤큰앤엘프세아 이두현 기타	20.66 % 36.63 % 18.60 % 24.13 % 신약개발(기술이전수익) 신약개발(임상시험관리위탁수익) 신약개발(정부보조금) 기타

매출액	343,704	단위 : 천원 / 2019.12.31 기준)	영업이익	-32,733,934	단위 : 천원 / 2019.12.31 기준)
기업어음	평가일	-	회사채	평가일	-
	재부기준일	-		재부기준일	-
	평가기관 /평가등급	- / -		평가기관 /평가등급	- / -

기업소개

· ㈜비보존은 2008년 6월 ㈜가디사이언스로부터 물적분할되어 설립되었으며 ,통증의학 분야의 신약개발 및 의약품 원료 개발 ,의약품의 비임상 및 효능에 관한 연구 등을 주력사업으로 영위하고 있음. 2017년 6월 신약개발 전문회사인 ㈜텐큰생명과학을 흡수 합병하였으며 ,8월 캐나다 토론토 지사 Vivozon Canada를 설립하였음.

· 동사는 신약개발 중인 업체로 ,주요 파이프라인은 비마약성 진통제 WZ-149(Opiranserin)임 . WZ-149(Opiranserin)은 현재 주사제와 외용제 두 가지 제형으로 각기 다른 적응증으로 임상이 진행되고 있음. 수술 후 통증 적응증의 주사제는 2019년 8월 미국 FDA 임상 3상에 진입한 상태이 며 ,근건막통증 진통 외용제는 식품의약품안전처로부터 임상 1a/2b승인을 획득하고 국내 임상 진행을 준비 중에 있음. 2019년 결산 기준 매출 구성은 기술이전수익 36.6% ,임상시험관리위탁수익 24.1% ,임대료수익 18.6% ,연구용역수익 15.6% ,세화의 판매로 인한 수익 5.1%이고 ,임상 에 소요된 의약품은 전량 외주업체 (CMO)로부터 조달하고 있음.

· 2019년 연결 기준 결산 매출액은 수술 후 통증 적응증 주사제의 임상3상 실패에 따른 기술이전수익 및 연구용역수익 감소 등으로 전년대비 55.40% 감소한 3억4천만 원을 기록 ,외형이 크게 축소되었음. 경상연구개발비 증가 등 판관비 부담 가중으로 영업손실 규모 전년대비 크게 확대되었 으며 ,거래임평가손실 발생 등으로 순손실 규모 역시 전년대비 확대되었음 (영업손실 32,734백만 원, 당기순손실 49,819백만 원).

· 주식매수선택권행사 및 유상증자에도 불구하고 적자 지속의 영향으로 누적 결손금이 증가한 가운데 신주인수권부사채 ,파생상품부채 발생 등 부채 규모도 확대되어 재안정성 지표는 전년대비 크게 저하되었음 (차기자본비율 53.08%, 부채비율 88.30%, 차임금의존도 26.43%).

· 복부성형술의 임상 3b재진행 및 임상건막유의 임상3상 돌입 등에 따른 관련 기술이전수익 증가가 예상되어 ,판계사인 두마아이로토와 함께 제약 사업 진출 본격화 ,WZ-149주사제의 한국 및 중국 임상 3상 진행 등으로 중장기적인 성장동력 확보도 기대됨 .

49

[그림 2-8]은 금융투자협회가 '20년 6월 발간한 기업분석보고서에서 비보존 부분의 첫페이지이다. 기업에 대한 기본정보가 잘 정리되어 있음을 확인할 수 있다.

또한, K-OTC 거래기업도 증권사리서치 센터에서 분석보고서를 작성하는 경우도 있다. 작성대상 기업들은 시가총액이 높거나 상장을 추진하는 기업들 이기 때문에, 투자자 입장에서는 요긴한 정보이며, 역으로 리포트가 있는 기업들은 가까운 시일내 상장을 추진한다고도 해석할 수 있다.

비보존의 경우에도 비상장인 K-OTC 거래기업임에도 불구하고, 2019년 11월 29일 IBK투자증권에서 기업분석보고서를 발간한 것을 확인할 수 있다.

[그림 2-9] IBK투자증권의 비보존 분석리포트 캡처

지금까지 코넥스와 K-OTC에서 거래되는 기업의 정보를 얻는 법을 알아보았는데, 이들 기업은 코스피/코스닥 상장기업처럼 증

권사 HTS/MTS에서 거래가 가능하기 때문에 손쉽게 접근할 수 있다. 다만 일부 증권사에 따라 모바일(MTS)에선 K-OTC 기업이 거래가 불가능 한 경우가 있다.

플랫폼

앞장에서 언급했던 K-OTC와 코넥스 시장은 비상장주식을 거래하기 가장 편한 플랫폼이다. 거래가 투명하며 코스피/코스닥 시장에서 거래하는 것과 같은 방식으로 진행되기 때문이다.

그렇다면 해당 시장에서 거래되지 않는 기업의 거래는 어떻게 해야할까? 이를 확인하기 앞서서, 비상장 주식의 형태에 대해서 먼저 알아보고, 그 형태별로 어떠한 플랫폼에서 거래를 제공하는지를 확인해보자.

비상장주식은 크게 통일주권과 비통일주권으로 나눌 수 있다.

먼저 통일주권에 대해 알아보자. 여기서 통일이란 쉽게 말하면 양식이 통일되어 있다는 의미인데, 기업이 설립되고 나서 일정시점이 지나거나 회사가 성장하게 되면, 필연적으로 주식 유통에 대한 수요가 발생한다. 왜냐하면 벤처투자자로부터 투자를 받을 수도 있고, 회사 지분을 가지고 있는 공동창업자 또는 종업원이 필요에 따라 주식을 처분하거나 추가 취득하려는 수요가 발생하기 때문이다. 따라서 이를 용이하게 하기 위해서 기업은 정부가 규정하는 통일된 형식의 주식을 발행하게 되는데 이것을 통일주권이라

한다. 통일주권을 발행했다는 뜻은 기업이 어느정도 성장했고 이에 따른 거래수요가 발생했다는 뜻이므로 대외신인도 확보에도 도움이 되며, 비통일주권을 발행한 기업들 보다 좀 더 상장에 근접해 있다고도 해석이 가능하다.

통일주권의 반대급부로 비통일주권이 있는데, 일반적으로 주식미발행확인서(명의개서)를 지칭한다. 주식미발행확인서는 말그대로 아직 통일된 형태의 주식을 발행하지 않았지만(미발행), 기업의 주주임을 확인해주는 문서이다. 설립 초기기업으로써 아직까지 유통수요가 크지 않은 기업들의 주식이 거래되는 형태이며, 기업이 성장함에 따라 자연스레 통일주권으로 형태를 바꾸게 된다.

대부분의 플랫폼에서는 상대적으로 거래하기 용이하고 안전한 통일주권 중심으로 거래를 지원하고 있다.

[표 2-2] 주요 비상장주식 플랫폼의 거래지원주식 종류

구분	증권플러스 비상장	K-OTC BB	앤젤리그
통일주권	O	O	O
비통일주권	X(추진중)	X	일부 가능

일반투자자 입장에서도 비상장 주식시장 내에서도 어느정도 성장하기 시작한 통일주권을 거래하는 것이 좀더 보편적이고 안전하다고 할 수 있다. 그래서 초보투자자라면 통일주권 위주로 거래하길 추천한다. 전문비상장 투자자나 투자경험이 풍부한 투자자라면 리스크를 좀 더 지더라도 미래가 촉망받는 비통일주권을 매입하는 것도 수익률을 높이는 방편이 될 수 있다.

그럼 이제 플랫폼별로 어떠한 장단점이 있고, 거래는 어떻게 할 수 있는지 살펴보도록 하자

〈 증권플러스 비상장 〉

증권플러스 비상장은 가상화폐 거래소 업비트로 유명한 두나무가 운영하는 플랫폼으로 출시된지 채 1년도 안됐지만 가장 대중화된 플랫폼 중 하나로 자리잡았다.

증권플러스 비상장에서 주식을 거래하기 위해선 스마트폰을 이용해야 한다. 웹페이지가 따로 없고, 어플리케이션을 통해서만 서비스를 제공하기 때문이다.

현재 (2020년 9월 15일) 기준으로 안드로이드 폰에서만 사용이 가능하며, 아이폰에서는 추후에 서비스를 제공할 예정이라고 한다.

[그림 2-10] 증권플러스 비상장 소개화면

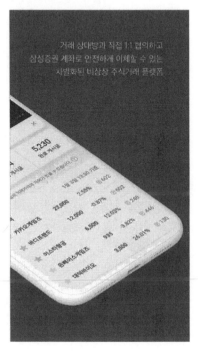

그럼 먼저 증권플러스 비상장에서 기업들의 정보를 어떻게 조회할 수 있는지 알아보자

[그림 2-11] 증권플러스 비상장 첫 화면

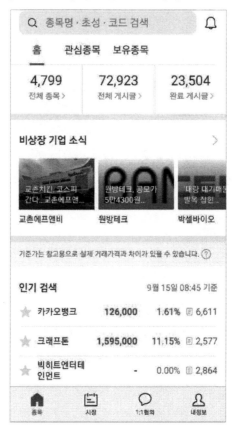

[그림 2-11]은 증권플러스 비상장 어플 접속시 보이는 첫화면을 캡처한 것이다. 상단의 전체종목은 증권플러스 비상장에서 검색할 수 있는 종목의 개수를 알려주는 것이며, 해당 화면을 터치할 경우 게시글이 많은 순서대로 기업을 정렬해서 알려준다.

기본적으로 증권플러스 비상장에선 매수/매도를 희망하는 글을 게시글에 올려서 이를 바탕으로 거래당사자간 협의를 하여 거래하는 것이기 때문에 게시글이 많을수록 활발하게 거래된다고 판단할 수 있다. 전체 게시글이 72,923건이라 함은 매수/매도를 희망하는 건수가 72,923건이라는 뜻이며, 완료 게시글이 23,504라 하는 것은 그 중 이만큼이 실제 거래가 완료된 건이라는 것이다.

메인 화면을 스크롤 해서 내려보면 인기검색, 인기키워드, 인기거래 등의 메뉴가 나오는데 이를 통해서 현재 비상장 시장내에서 어떠한 종목들이 자주 거론되고 자주 거래되며, 어떠한 테마(키워드)가 투자자들의 주목을 받고 있는지를 확인할 수 있다.

그럼 9월 15일 현재 증권플러스 비상장에서 거래되는 종목 중 검색순위 2위인 크래프톤을 예시로 살펴보자. 크래프톤은 투자자들에게 익숙한 배틀그라운드라는 온라인/모바일 게임을 운영하고 있다.

[그림 2-12] 증권플러스 비상장 어플內 크래프톤 검색화면

[그림 2-12]의 왼쪽 화면은 증권플러스 비상장에서 크래프톤을 검색했을 때 보이는 메인 화면이다. 맨 위부터 순서대로 보면 회사의 기업코드/회사명/기준가가 적혀 있다. 여기서 기준가라 함은 직전 거래일의 증권플러스 비상장 내 매물을 집계하여 산출된 정보라고 설명하고 있으며, 실제 거래가격과는 차이가 있다하니 참고용으로만 활용하면 될 것이다. 그 밑으로는 회사의 주주구성과 영위하는 사업을 간단하게 설명하고 있고, 홈페이지도 나와있다.

기업정보 옆을 보면 네이버/유튜브/다음 아이콘이 있는데 해당 아이콘을 터치하면 해당기업(크래프톤)을 검색한 결과를 제공한다.

오른쪽 위를 보면 막대그래프가 나열되어 있는 아이콘을 볼 수 있는데 이것을 터치하면 오른쪽 그림과 같이 호가창이 뜬다. 상장주식 거래를 해본 사람이면 익숙할 것이다. 현재 기준가격을 중심으로 각각 얼마에 사고 팔고 싶은지를 차트로 표현한 것으로 직관적으로 이해할 수 있다. 호가창을 닫고 다시 아래로 스크롤 해보면 [그림 2-13]과 같은 화면을 볼 수 있다.

먼저 좌측화면의 상단부터 보면, 총발행주식수가 나와있고, 바로 밑에 시가총액계산 아이콘이 있다. 이를 터치해보면 내가 총발행주식수과 주당 주식의 가격을 입력하여 시가총액을 계산해 볼 수 있는 계산기가 나온다. 시가총액계산기 화면에서는 총발행 주식수와 주당가격을 입력하게 되어 있는데, 해당 화면에서 직접 숫자를 입력할 수도 있고, 입력 아이콘을 터치하면 현재의 총발행주식수와 주당가격이 입력이 된다. 자동으로 입력되지 않는 이유는 현재의 총발행주식수와 주당 가격의 변동성이 크기 때문이다.

[그림 2-13] 증권플러스 비상장 어플內 크래프톤 검색화면

비상장기업은 기본적으로 향후에 주식수가 늘어날 가능성이 크다. 벤처투자자나 기존주주들이 유상증자를 진행할 수도 있고, 향후 코스피/코스닥 시장에 상장될 경우 신주 공모를 하면서 자연스레 주식수가 늘어난다. 또한 비상장 기업은 임직원들에게 스톡옵션을 부여하는 경우가 많은데, 스톡옵션 행사하여 주식을 받아갈 경우 주식수가 증가한다. 따라서 현재의 주식수보다 늘어날 공산이 크기 때문에 총발행주식수는 현재기준으로 보면 안된다. 또한 주당가격도 변동성이 크다. 앞서 말했듯 비상장주식은 유동성이 상장주식에 비해 적다. 특히 공인시장에서 HTS로 거래되는 K-OTC 및 코넥스 거래기업과는 달리 플랫폼에서 거래되는 비상장 주식은 게시글을 통해서 1:1로 거래가 되기 때문에 거래량이 더욱 적다. 이는 자연적으로 최근의 몇 건의 거래만으로도 기준가가 크게 변동할 수 있음을 의미한다. 이와 같은 사정으로 증권플러스 비상장에서는 시가총액 데이터를 제공하지 않으며, 사용자가 총발행주식수와 주당가격을 입력했을 경우 산출되는 추정 시가총액을 제공하고 있다.

크래프톤 시가총액 계산기 화면에서 입력 아이콘을 누르면 현재 기준의 숫자가 입력이 되고 이를 바탕으로 추정시가총액이 계산되는데 크래프톤의 현재(20년 9월 14일) 기준 시가총액은 12조 8,960억원으로 확인이 된다.

다시 크래프톤의 개요화면으로 돌아와서 스크롤을 좀더 내려보면, 5개년 재무차트보기와 삽니다/팝니다/거래완료 메뉴가 각각 보인다. 5개년 재무차트 보기를 터치해보면 [그림 2-14]의 오른쪽과 같은 화면이 나오는데, 스크롤을 내려보면 5개년치의 손익지표(매출/영업이익/순이익), 재무상태(자산/부채/자본), 주요지표(영업이익률/부채비율/ROE) 등을 제공하고 있어서 기업의 경영상태를 한눈에 파악하기 편하다.

[그림 2-14] 증권플러스 비상장 어플서 크래프톤 검색화면

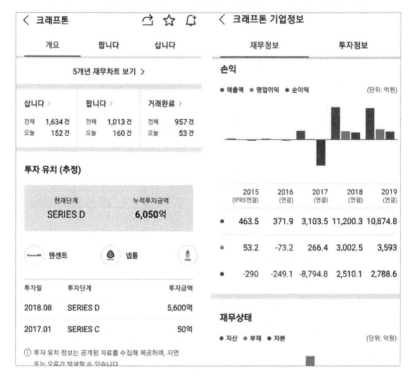

개요화면으로 돌아와서 삽니다/팝니다/거래완료 메뉴를 보면 누적으로 각 게시판에 올라온 글과 오늘 올라온 글의 개수를 볼 수 있다. 해당메뉴를 터치하면 [그림 2-15]와 같은 화면이 나온다.

먼저 팝니다를 보면 판매가격과 수량이 올라와 있으며, 각각 게시글에 확인내물 및 수량협의 여부가 나와있다. 증권플러스 비상장은 허위매물 없는 거래 플랫폼을 표방하고 있기 때문에, 시스템

확인을 통하여 전매물을 확인하고 있어 확인매물 마크는 항상 붙어 있으며, 수량협의 마크가 있을 경우 거래할 주식의 수를 판매자랑 협의할 수 있다는 뜻이다. 마찬가지로 삽니다 게시판에서는 사고자 하는 사람이 희망구매가격과 수량을 게시해 놓고 있으며, 수량협의 마크가 있는 경우 거래 주식수를 협의할 수 있다.

[그림 2-15] 증권플러스 비상장 어플內 크래프톤 게시판

자, 이제 다시 개요화면으로 돌아가서 스크롤을 더 내려보면 투

자유치 현황에 대한 화면이 나온다. 자세히보기를 터치해보면 [그림 2-15]의 우측 화면과 같은 내용이 나온다.

[그림 2-15] 증권플러스 비상장 어플內 크래프톤 검색화면

일반적으로 성장하는 벤처기업들은 벤처투자자로부터 투자를 받기 위해 회사평가를 받게 되며, 이때 평가한 회사의 가치를 근거로 각 벤처투자자들은 투자금액과 이에 따른 확보지분을 산정하게 된다. 각 단계를 시리즈(SERIES)라고 부르며, 한번씩 평가(투

자) 받을 때마다 알파벳 순으로 진행이 되는데, 크래프톤의 경우 2008년 12월 시리즈A로 최초 투자를 받은 후 2018.8월 마지막인 시리즈D 단계 투자까지 받은 것을 알 수 있다. 누적 투자금액은 6,050억인 것을 확인할 수 있다.

일반적으로 투자유치 현황으로부터 가늠할 수 있는 것이 몇가지가 있다. 첫번째로 투자유치를 받았다는 것 자체가 전문가인 벤처투자자로부터 인정을 받았다는 의미이기 때문에 우리와 같은 일반투자자 입장에서는 어느정도 안심하고 투자할 만한 기업이라고 해석할 수 있으며, 투자한 벤처투자자가 해당 산업에 대한 투자경험이 많다면 더욱 긍정적인 뉴스로 받아들일 수 있다. 물론 투자유치를 했다고 다 성공하는 기업이라고 할 수는 없지만, 반대급부로 생각해보면 벤처투자자들이 투자대상으로도 검토하지 않는 기업이라면, 일반투자자 입장에서 투자에 신중해야 할 기업으로 생각해 볼 수 있다.

두번째로는 투자규모와 회사 성격을 종합하여 판단하면 향후에도 추가 투자 여지가 있는지, 그리고 향후 기업공개(IPO)시 상장의 주 목적이 무엇인지를 확인해 볼 수 있다. 앞서 언급했듯 벤처투자자가 투자를 진행했다는 뜻은 어느정도 가능성이 확인되었다고 확인할 수도 있지만, 동시에 투자에 따른 지분희석이 있었다는 뜻이기도 하다. 크래프톤의 경우 게임을 만드는 회사기 때문에 기본적으로 대규모 운영자금이 필요하지 않다. 크래프톤의 경우 시리즈D에서 5,600억이라는 거금을 투자 받은 것을 감안해볼 때, 추가 투자를 필요로 하지 않을 정도로 충분히 자금을 확보한 것이라고 짐작할 수 있다. 반면에 대규모 설비투자를 필요로 하는 장치산업이나, 장기간 뚜렷한 수익모델 없이 연구개발에 매진하는 신약개발기업 등의 경우에는 지속적으로 투자유치가 이뤄질 수 있음을 추측해볼 수 있다. 물론 추가 투자유치는 기존 주주 입장에서는 지분 희석의 이슈지만 동시에 추가 성장을 위한 발판이 되기도 하므로 단편적으로 해석할 사항은 아니다.

또한, 만약 대규모 운영자금을 필요로 하는 업종이 아닌 기업이 상장전까지 수차례 대규모의 투자유치를 단행했다면 상장의 목적은 벤처투자자의 투자금 회수일 가능성이 크며, 뒤집어 말하면 해당 기업의 성장이 어느정도 막바지에 도달했다고 추측해볼 수 있다. 반면에 어떤 기업이 상장하면서 대규모 신주를 발행하고 신주의 용도를 기업성장을 위해 어떻게 쓸 것인지를 명확히 밝혔다면, 지분 희석에 우려는 있을지언정 기업이 아직도 성장하는 과정에 있으며 투자금이 성공적으로 집행된다면 추가적인 기업성장이 가능할 것이라고 추측해 볼 수 있다.

마지막으로는 전문가가 추정하는 해당기업의 가치를 확인해 볼 수 있다. 앞서 언급했듯 각 시리즈별로 벤처투자자들이 투자를 진행할 경우에 기업가치 평가를 동반하게 된다. 크래프톤과 같이 비상장 시장에서 뜨거운 기업의 경우 해당 내역이 언론을 통해서 소개가 되기도 하는데, 일반투자자 입장에서는 전문가는 해당 기업을 얼마로 평가하고 있는지 확인할 수 있는 좋은 기회이며, 특히 기업이 꽤 성장했다고 느껴지는 시점에서도 추가 투자가 이루어졌다면, 아직 대중에 공개되지 않은 추가 성장의 기회를 벤처투자자가 주목한 것으로 볼 수 있다.

이와 같이 비상장 기업은 상장기업에 비해 정보가 제한적이기 때문에 투자유치 현황의 분석을 통해서도 많은 것을 짐작해 볼 수 있다.

[그림 2-16] 증권플러스 비상장 어플內 크래프톤 검색화면

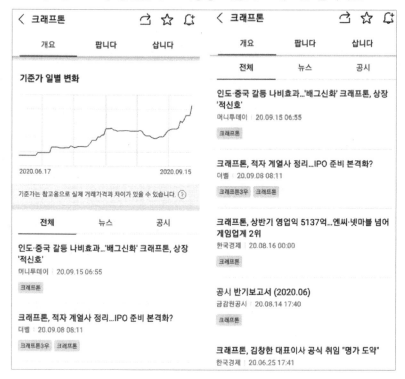

다시 크래프톤의 개요화면으로 돌아가서 스크롤을 더 내려보면 기준가 일일변화 화면이 나온다. 이는 해당 기업의 최근 3개월간 기준가 변화추이를 나타내는 것으로 기업주가의 추세를 한눈에 살펴볼 수 있다. 스크롤을 더 내려보면 기업의 뉴스와 공시정보를 제공하고 있는데 제목을 터치하면 아웃링크 형식으로 원문이랑 연결되기 때문에 편하게 정보를 찾아볼 수 있다. 위 그림에서는 크래프톤의 반기보고서 공시가 보이는데, 비상장 기업의 경우에도

사업보고서와 분·반기보고서를 작성하는 경우가 왕왕 존재하므로 꼭 한번 체크해봐야 한다. 사업보고서를 작성하는 법인의 경우, 비상장 기업이라도 얻을 수 있는 정보가 많기 때문이다. 사업보고서 등의 공시자료는 금융감독원 전자공시시스템(dart.fss.or.kr)에서 확인할 수 있다.

　지금까지 증권플러스 비상장 앱을 활용하여 기업의 전반적인 개요에 대해 살펴보는 방법을 알아보았다. 이번에는 그 밖으로 제공하는 정보들은 어떤 것이 있는지 살펴보자.

　[그림 2-17]의 왼쪽화면은 증권플러스 비상장 앱의 메인 화면이다. 하단을 보면 종목/시장/1:1협의/내정보의 메뉴가 떠있는 것을 볼 수 있는데, 시장을 터치하면 오른쪽과 같이 이번주 공모 일정이 나온다.

[그림 2-17] 증권플러스 비상장 메인 화면

이는 한국거래소 전자공시시스템(www.kind.krx.co.kr)에서 제공하는 자료를 바탕으로 증권플러스 비상장이 정리해 놓은 것이다. 공모일정만을 본다면 증권플러스 비상장 앱을 보는 것으로도 충분하지만, 한국거래소 전자공시시스템에서 다양한 투자정보를 제공하고 있으니 투자자라면 즐겨찾기를 해놓고 수시로 방문해보길 권유한다.

[그림 2-18] 한국거래소 전자공시시스템 메인화면

다시 증권플러스로 돌아가서 스크롤을 더 내려보면 아래 좌측과 같이 종목 분석 보고서와 상장추진현황 화면이 나온다.

[그림 2-19] 증권플러스 비상장內 종목분석 보고서 화면

종목 분석 보고서는 '20년 9월 현재 증권플러스 비상장이 독립 리서치를 제공하는 나이스디앤비와 제휴하여 무료로 제공하고 있으며, 비상장 기업중에 아직 커버되는 회사는 많지 않지만, 투자 대상을 검색하거나 또는 본인이 투자하는 기업의 보고서가 발간이 되었다면 참고할 만하다.

상장 추진 현황은 마찬가지로 한국거래소에서 제공하는 정보를

바탕으로 증권플러스에서 재구성하여 제공하고 있다.

지금까지 비상장 주식 거래 플랫폼 1위인 증권플러스 비상장에서 정보를 찾는 방법을 알아봤다. 직관적으로 구성이 되어 있고, 인기 검색종목 등을 제공하기 때문에 참고하기 편할 것이다.

그러나 이러한 정보들은 대부분 1차 자료인 금융감독원 및 한국거래소 전자공시에서 제공하는 사업보고서 등을 토대로 재구성하여 제공되는 것으로써, 투자자 본인이 자료 원문을 찾아보고 해석하는 것이 가장 정확한 방법일 것이다. 그리고 뉴스검색을 생활화하고, 해당 기업이 B2C 사업을 영위한다면 직접 사용도 해보고, 후기를 찾아보면서 기업의 사업능력을 확인해보는 등의 추가 확인을 해보는 것도 필요하다. 자세한 방법은 다음장에서 다시 설명하겠다.

그렇다면 이번에는 증권플러스 비상장에서 실전으로 들어가보자. 증권플러스 비상장은 스스로 허위매물이 없는 안전한 플랫폼으로 홍보하고 있다. 이는 삼성증권과 제휴하여 매도자의 주식물량을 확인하는 한편, 삼성증권의 거래시스템을 활용하여 매수/매도시 사고 발생을 원천 차단하는 것이다. (물론 삼성증권을 거치지 않고 거래하는 방법도 있는데 이는 2-(3)에서 다시 설명하겠다) 따라서 증권플러스 비상장에서 비상장 주식을 거래하기 위해서는 삼성증권 계좌가 있어야 한다. 요새는 증권계좌도 비대면 개설이

가능하니 계좌가 없는 경우 간단히 가입할 수 있다.

　삼성증권에서 종합계좌를 개설했거나 보유하고 있다면 원하는 종목의 삽니다/팝니다 게시판을 통해 거래하면 된다. 본인이 글을 올리고 기다려도 되고, 아니면 올라와 있는 글을 보고 연락해도 된다. 또한 알람설정 기능을 통해 원하는 종목의 매물이 게시되었을 때 알림을 통해 확인할 수 있다. 거래는 증권플러스 거래용 앱을 활용하여 별도로 진행이 되므로 증권플러스 비상장 어플 외 별도로 거래용 앱을 다운로드 받아야 한다. 매도자 또는 매수자와 1:1 채팅을 통해 금액과 수량을 맞췄다면 삼성증권을 통해 거래하면 되는데, 이 경우 매수자와 매도자 모두 각각 1%씩의 거래 수수료를 삼성증권측에 부담해야 한다. 안전하게 거래하는 대가로 삼성증권에게 수수료를 내는 것이다. 삼성증권이 해당거래를 지원하는 시간은 오전 7시부터 4시 30분까지이니 거래시간에 유의하자.

　지금까지 증권플러스 비상장으로 정보를 찾아보고 거래하는 법을 알아봤다. 그렇다면 그 외 거래플랫폼에는 무엇이 있고, 증권플러스 비상장과 어떠한 점이 다른지를 살펴보도록 하자.

〈 K-OTC BB 〉

K-OTC BB는 한국 장외주식 호가게시판(Korea Over The
Counter Bulletin Board)의 약어로써 K-OTC 시장과 마찬가지로
한국금융투자협회가 관리하고 있다.

[그림 2-20] www.k-otcbb.or.kr 메인화면

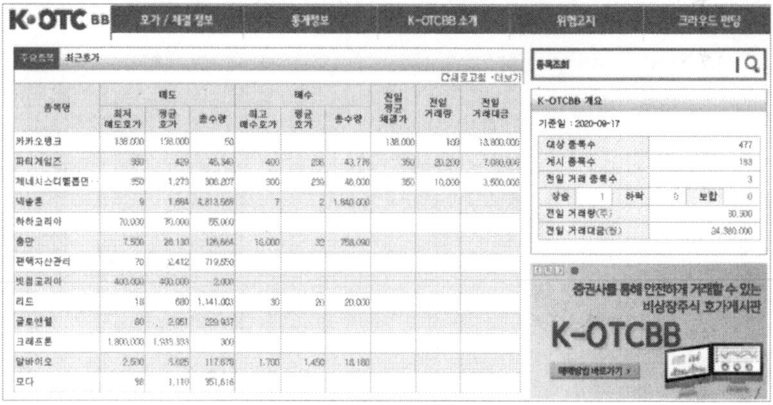

K-OTC와의 차이점이라면 K-OTC는 HTS나 MTS 등 시스템
을 통하여 매매가 가능하지만, K-OTC BB는 증권사에 전화주문을
넣거나 증권사에 내방하여 주문을 처리해야 한다는 것이다.

거래대상기업은 통일주권을 발행한 기업이라면 모든 기업이 거
래가 가능하다. 사실 K-OTC BB의 경우 '15년에 출범을 해서 증
권플러스 비상장이 출시되기 전까지는 안전하게 거래할 수 있는

플랫폼으로써 역할을 해왔다. 지금도 삼성증권 계좌로만 거래할 수 있는 증권플러스와는 달리 미래에셋대우, 키움증권 등 10여개의 증권사를 통해서 거래할 수 있다는 장점이 있지만, 전화나 지점방문을 통해 진행해야 한다는 점, 게시판이나 채팅 등을 통한 거래조건 협의가 불가능하다는 점 등의 단점도 있다.

K-OTC BB에서 제공하는 별도의 기업정보는 사실상 존재하지 않는다. 다만 거래기업의 대부분은 마찬가지로 금융감독원 전자공시시스템에 사업보고서 또는 감사보고서 등 주요사항이 보고되므로 공시시스템에 접속하여 관련정보를 찾아보되, 증권플러스 비상장이나 38커뮤니케이션 등 여타 플랫폼이나 커뮤니티의 기업정보 게시판을 통해서 정보를 얻고 거래는 K-OTC BB에서만 하는 것도 방법이다.

그럼 K-OTC BB에서 거래하는 방법을 알아보도록 하자.
우선 거래를 위해서는 K-OTC BB와 업무협약을 받은 10개 중 1개 이상의 증권사의 계좌가 있어야 한다. 증권사 목록은 아래와 같다.

[표 2-3] K-OTC BB를 통해 비상장 주식 거래가능한 증권사

회사명	전화	홈페이지
대신증권	1588-4488	daishin.com

리딩투자증권	1544-7004	leading.co.kr
미래에셋대우	1588-9200	miraeassetdaewoo.com
상상인증권	3779-3000	sangsanginib.com
신한금융투자	3772-1000	shinhaninvest.com
유진투자증권	368-6000	eugenefn.com
코리아에셋투자증권	02-550-6200	kasset.co.kr
키움증권	3787-5000	kiwoom.com
현대차증권주식회사	3787-2114	hmsec.com
NH투자증권	02-768-7000	nhqv.com

해당 증권사의 계좌를 개설했다면, 사고자 하는 경우 증권사에 연락을 하여 원하는 종목/수량/희망 거래가격을 입력해달라고 하거나, K-OTC BB에 있는 매물을 보고 증권사에 연락하여 구입해 달라고 하면 된다.

반대로 팔고자 하는 경우에는 K-OTC BB 게시판에 해당 종목 매수호가가 있는지 살펴보고, 없거나 가격이 맘에 들지 않는다면 증권사에 연락해서 판매 게시를 요청하면 된다.

호가 게시시간은 오전 9시부터 오후 3시 30분까지이며, 체결내역은 실시간이 아닌 다음 영업일에 공지가 되니 참고하자.

앞서 말했듯이 증권플러스 비상장과 같이 1:1 채팅이나 게시글을 통해 협의할 수 있는 부분이 없으므로, 이를 증권사를 통해 진행해야 하지만 번거로움 때문에 거래 성사율이 떨어질 수 있고, 거래를 진행하는데 더 오랜 시간이 걸리는 부분은 감수해야한다.

따라서 K-OTC BB는 현재 가격비교용으로 많이 활용되는 편이며, 아니면 이미 협의한 거래를 안전하게 K-OTC BB를 통해 진행하는 경우도 있다. 거래 수수료는 증권사 별로 판이하니 구매하기 전에 확인하고 진행해야 한다.

〈 엔젤리그 〉

이번에는 비상장 주식을 거래할 수 있는 또 다른 플랫폼인 엔젤리그를 살펴보자. 엔젤리그는 증플 비상장, K-OTC BB 처럼 1:1로 연결시켜주는 플랫폼이 아닌 1:多(클럽딜)로 연결해주는 시스템이다. 쉽게 말하면 비상장 주식의 공동구매쯤으로 이해하면 편하다.

엔젤리그에서는 리드엔젤이라 불리는 딜러들이 특정 비상장 주식의 물량을 특정가격에 확보한 후, 이 주식을 매입할 조합원을 모집하여 조합의 형태로 해딩 주식을 소유하는 시스템이다.

[그림 2-22] 엔젤리그(angeleague.io) 홈페이지 메인화면

주식의 확보와 가격협상은 리드엔젤이 진행하지만 그 이후에 진행되는 조합설립, 실물주식확인 등의 법적인 절차는 엔젤리그가 담당하기 때문에 상대적으로 안전하다고 볼 수 있다. 다만 조합에 참여할 경우 1인당 최소~최대 참여금액에 제한이 있으며 참여 수수료를 지불해야 한다. 또 향후 조합 청산시 수익률이 일정 수준을 넘어서면 추가적으로 리드엔젤에게 수익공유를 해야 하기 때문에 다른 플랫폼 대비 수수료다 높다고 볼 수 있으며, 조합설립후 향후 1년간은 매도가 불가능하기 때문에 유동성이 묶인다는 단점도 있다.

다만 물량확보, 가격협상 등을 대행해주고 있고, 매입주식의 주

가 상승이 결국 리드엔젤에게도 이익이 되는 구조기 때문에 리드엔젤 입장에서는 해당 주식을 싸게 사야할 유인이 존재하며, 리드엔젤 또한 스타트업계나 비상장 주식 거래업계에서 경험이 있는 투자자기 때문에 전문가의 도움을 받는 성격이기도 하다.

거래되는 기업은 엔젤리그가 상장 가능성이 비교적 높은 기업들로 구성하기 때문에 투자금 회수 가능성이 높은 것은 사실이지만, 그만큼 상장에 가까울수록 지분매입가격이 올라가는 것이 일반적이며, 또한 상장에는 수많은 변수 들이 있기 때문에 무조건 상장될 것이라고 생각하는 것은 곤란하다.

엔젤리그에서 진행하는 클럽딜에 대해서 정보를 제공하고 있으나, 이 역시 비상장 기업으로 정보가 제한적이며 금융감독원 전자공시 시스템, 뉴스검색 등을 통해 투자자가 추가적인 정보를 확인해야 한다.

거래하는 방법은 엔젤리그에 회원가입을 하고 맘에 드는 클럽딜을 고른 후 가격적정성 등을 따져본 후 클럽딜 참여신청(조합원신청)을 하면 된다.

개인간 거래하기

비상장 주식의 정보를 얻고 거래하는 방법의 마지막 방법은 바로 공인시장이나 플랫폼을 거치지 않고 개인간에 거래를 하는 것이다. 개인간의 거래 경우에도 서로 매물을 확인하는 커뮤니티가 필요한데 이곳이 바로 38커뮤니케이션이다.

예전부터 비상장 주식에 대해 조금이라도 관심이 있었던 사람이라면 누구나 한번쯤은 들어봤을 것이다. 그만큼 역사도 오래되었고, 또 증권플러스 비상장이나 그에 앞서 K-OTC 마켓이 출범되기 전부터 존재해왔으며, 다른 대안들이 등장한 지금도 비상장 주식 최대 커뮤니티의 자리를 유지하며 많은 트래픽이 몰리고 있다.

[그림 2-23]은은 38커뮤니케이션 어플리케이션의 메인화면과 판매메뉴에서 크래프톤을 검색했을 때 나오는 화면이다. PC용 웹사이트도 제공하니 편한방법으로 접속하면 된다. 가운데 아이콘을 보면 빨간색매도/빨간색매수와 파란색의 일반 매도/매수로 나뉘어져 있는데, 빨간색은 유료회원이 올린 매수/매도 게시글이므로 상대적으로 허위매물일 가능성이 적다. 그 외에 아이콘들은 대부분 비상장 관련 종목 뉴스들을 모아 놓았거나 종목토론방 등에 관한 것이다.

[그림 2-23] 38커뮤니케이션 앱 메인화면

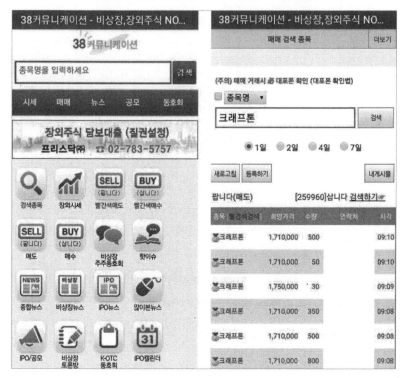

오른쪽의 매도 게시판을 보면 불과 2분여 동안 판매글이 6개나 올라온 것을 볼 수 있다. 그만큼 커뮤니티가 활발하다는 증거이기도 하지만 빨간색매도라도 실매물 여부를 100% 확신할 수는 없다는 것을 유의하자.

[그림 2-24] 38커뮤니케이션 앱의 크래프톤 검색화면

이번에는 종목검색창에 크래프톤을 검색해보았다. 제일 먼저 주주토론방 화면이 나온다. 기본적으로 네이버 증권에서 상장주식의 종목토론방과 같은 개념이라고 생각하면 된다. 대부분 큰 의미 없는 농담조의 글이 올라오기도 하지만 지속적으로 보다 보면 양질의 정보나 분석글이 게시되기도 한다. 비상장 주식은 정보가 부족하기 때문에 이런 식으로 정보를 얻을 수도 있지만 진위여부는 본인이 잘 판단해야 한다. 메뉴 중에 유통정보라는 메뉴가 있는데,

이는 예탁결제원에서 제공하는 해당종목의 유통 현황을 정리해서 보여주는 화면이다. 비단 38커뮤니케이션 뿐 아니라 모든 플랫폼에서 증권계좌를 통해 거래되는 물량을 모두 표시된 것으로 해당종목의 유동성을 판단하는데 큰 도움이 된다. 거래량이 많을수록 주가조작이 어렵기 때문에 거래량이 많은 경우 장외가격을 신뢰할 수 있고, 또 해당기업이 주목받고 있다는 뜻으로 호재로 해석될 여지도 있다. 유통현황을 예탁결제원에서 직접 확인하고 싶다면, 증권정보포털인 세이브로(www.seibro.or.kr)에 접속해서 주식 -〉 비상장유통추정정보 화면에서 검색하면 된다.

[그림 2-25] 세이브로 홈페이지자 비상장유통추정정보 화면

38커뮤니케이션에서는 별도로 제공하는 정보는 제한적인 반면 커뮤니티는 활발하기 때문에 가격동향이나 투자자들 반응을 보는데 적합하다. 또한 본인이 거래하고 싶은 기업이 증권 플러스 비상장 등에서 검색이 되지 않거나 또는 가격과 수량조건이 맞지 않는다면 38커뮤니케이션에서 개인간 직거래를 통해서 거래할 수 있다. 그러나 앞서 말했듯이 거래를 안전하게 중계해주는 기관이 없어 사고의 가능성을 배제할 수 없고, 수수료가 없는 개인간 직거래라고 하지만 실상은 대부분의 매물은 중계업체에서 등록하는 경우가 많기 때문에 막상 다른 플랫폼 보다 물량을 싸게 구하는 것도 쉽지는 않다.

따라서 비상장 주식투자를 처음 접하는 투자자라면 거래용으로 38커뮤니케이션을 사용할 때에는 많은 주의가 필요하다.

만약 38커뮤니케이션을 통해서나 혹은 증권플러스 비상장에서 삼성증권을 거치지 않고 개인간 거래를 하고 싶다면 다음과 같이 하면 된다. 일반 투자자 입장에서 접근하는 비상장주식은 대부분 통일주권인 바, 통일주권 기준으로 설명하겠다.

우선 통일주권 형태의 비상장주식을 거래하기 위해선 증권계좌가 있어야 한다. 어느 증권사냐 상관은 없지만 아무래도 지점이 많은 증권사가 좀 더 편리할 순 있다. 증권계좌 없이도 거래가 불가능 한 것은 아니지만, 안전한 비상장 주식 거래를 위해서 증권계좌를 통해 거래할 것을 권유한다. 비상장 주식을 할 정도 거래할 정도로 주식거래에 관심이 많은 사람이 증권계좌가 없는 경우는 매우 드물기 때문에 일단 의심을 하고 보는게 좋다.

서로 증권계좌를 가지고 있다면, 우선 상대방과 가격 및 수량등 거래조건을 협의한 후 서로 신분을 확인해야 한다. 주민등록증이나 운전면허증과 같은 국가에서 인정받은 신분확인증을 체크하고 가능하면 복사도 해주면 좋다. 사는쪽 입장에서는 상대방이 주식을 실제로 가지고 있는지 증권예탁결제원 증빙서류를 요구하면 된다. 계약시 반드시 주식양수도계약서를 작성해야 하며(네이버 서식검색에서 주식양수도계약서 샘플을 얻을 수 있다), 매도자가 주식을 증권계좌로 이체시키면(통상 수분~수시간 소요) 이를 확인하고 돈을 지급하면 된다. 증권사 지점에서 만나서 대면거래를 하는 것이 가장 안전하며, 만나서 거래하지 못할 경우 서로의 신분확인을 확실히 하는 것이 좋다. 일반적으로 같은 증권사에서 주식 이체를 받는 경우에는 4시까지, 타 증권사에서 주식이체를 받는 경우에는 2시까지 주문을 접수 받는 경우가 많으므로 가급적 오전 중에 거래하는 것이 시간적 여유를 확보할 수 있다. 주식을 받았으면 늦어도 당일 오후 4시이후에 HTS 등을 통해서 입고여부를 확인할 수 있다.

3. 비상장 주식 고르는 방법과 성공사례 분석

K-OTC - 카페24

코넥스 - 이엔드디

일반 비상장 - 크래프톤

지금까지 왜 비상장 주식에 투자해야 하는지, 그리고 비상장 주식 관련하여 정보는 어디서 얻고 또 어떻게 거래해야 하는지를 살펴보았다. 하지만 이것 만으로는 충분치 않다. 실질적으로 거래가 가능한 비상장 기업의 개수는 수천개에 이르는 실정으로 이 중 향후에도 주가가 우상향하고, 더 나아가 상장을 할 정도로 기업이 성장할 수 있고, 또 오너의 상장의지가 있는 기업을 골라낼 수 있는 안목이 필요하기 때문이다.

　이번장에서는 성공하는 비상장 투자를 하기 위해 어떠한 기업을 찾아야 하는지 알아보도록 하자.

　성공하는 비상장 투자 방법에는 여러가지가 있겠지만, 최소한 실패하는 투자가 되지 않기 위해선 가장 먼저 아래의 2가지 필요조건을 확인해야한다.

　1) 영위사업의 실체가 명확한가
　2) 고평가 되어 있지는 않은가

　비상장 기업은 정보가 제한적이고, 설립 초기 수준의 기업들이 많다. 따라서 최우선적으로 영위사업의 실체가 명확한지를 확인해 보아야한다. 요새는 인터넷이 워낙 잘 발달되어 있기 때문에 필요한 정보들은 손품으로도 충분히 확인할 수 있나. 예를 들어 투사하려는 기업이 B2C 사업을 영위하는 기업이라면 내가 그 제품을 직접 구매해보고 사용해보거나, 가격이 비싼 제품이라면 그 제품의 후기들과 리뷰들을 충분히 볼 수 있다. 뿐만 아니라 네이버 데이터랩에서 검색어 트렌드를 조회해보고 실제로 제품이 인기를 얻는지를 확인해 볼 수 있다. B2B 사업의 경우 이러한 방법은 불가능 하지만, 수출제품이라면 수출통관번호를 체크하여 수출량 증가를 볼 수도 있고, 해당업종에 대해 전문적으로 보도하는 전문지 등에서 관련 내용이 확인될 수도 있다.

이렇게 영위사업의 진위여부를 확인하고, 사업이 확실하다고 판단된다면, 그 다음은 그 기업의 고평가 여부를 살펴봐야 한다.

기업의 가격을 측정하는 지표는 다양하고, 또 같은 지표안에서도 어느 수준이 비싸다고 말할 수 있는지는 사람마다 평가 기준이 다르기 때문에 일방적으로 말하기 어려운 부분은 있다. 다만 아무리 비상장 기업이고 성장이 유망하다고 하더라도 크게 고평가 된 주식은 피해야 승률을 높일 수 있다.

본 책은 주식 기본서가 아니니 간단히만 짚고 넘어가도록 하자.

주식 가치를 분석하는 데에는 절대가치 분석과 상대가치 분석이 있는데, 기업의 미래 현금흐름 또는 배당을 할인하여 계산하는 절대가치분석은 학계 또는 기업을 밸류에이션 해야하는 IB부서(기업공개, M&A 등)에서 주로 쓴다. 반면에 상대가치 분석은 직관적이고 이해하기 쉽다는 장점 등을 바탕으로 실제 주식시장에서 애널리스트부터 펀드매니저, 개인투자자들까지 광범위하게 사용하는 지표이다. 따라서 실용적으로 접근하기 쉬운 상대가치 분석을 중심으로 살펴보자.

상대가치분석은 해당 기업이 경쟁사 대비 얼만큼 비싼가를 판단하는 것이다. 기준이 되는 것은 크게 PER, PBR, PSR 등이 있는데, 업종에 따라서 적용해야 할 지표가 다르다고 할 수 있다.

일반적으로 가장 광범위하게 사용되는 것은 PER: Price Earning Ratio로 해당기업이 버는 순이익대비 얼만큼의 가격(시가총액)이 매겨지고 있는지에 대한 비율을 의미한다. 투자하려는 기업의 PER을 경쟁업체 또는 동종업종 평균대비 비교를 하면 된다. 평균보다 높다면 비싸고, 낮다면 싸다고 해석할 수 있지만, 성장기업의 경우 성장성을 높게 평가받아 경쟁사 평균보다 높게 평가되는 경우도 잦다. 따라서 단순히 PER가 낮다고 해서 싸게 살수 있고, PER가 높다고 해서 팔아야 된다고 단정짓기 보단, 경쟁사보다 PER이 높거나 낮은 이유가 있는지 찾아보고 판단해야 한다. 단 이러한 경우에도 경쟁사 대비 압도적으로 PER이 높다면 주의해야 한다. 유동성이 적은 비상장 주식시장에선 종종 가격왜곡이 자주 발생하기 때문이다.

PSR: Price Sales Ratio는 해당 기업이 버는 매출대비 얼마만큼의 가격(시가총액)이 매겨지는지에 대한 비율을 뜻한다. PSR 적용은 이익을 내지 못하는 기업에 대해 사용한다. 수요가 너무 많아서 생산비용을 급속하게 늘려야 하는 기업, 확실한 기술은 있지만 상용화까지 시간이 걸리는 바이오 기업 등이 이에 해당한다.

마지막으로 PBR: Price Book-value Ratio는 해당기업이 보유한 순자산가치 대비 얼마만큼의 가격(시가총액)이 매겨지는지에 대한 비율을 뜻하는 것이다. 대표적으로 은행주들을 PBR로 평가하는데, 은행산업은 은행간 수익성차이가 크지 않고, 대출자산의 부실가능성 등이 종합적으로 자본에 반영되기 때문에 기업가치가 대체로 순자산가치에 비례하기 때문이다.

기업을 평가하는 대표적인 지표 세가지를 알아보았다. 비상장 주식의 경우에는 일반적으로 저평가 받는 경우가 더 많다. 아무래도 비상장 주식은 투자자들의 접근성이 떨어지는 데다가, 상장까지의 소요되는 시간, 정보비대칭에 따른 불확실성 등이 감안된 탓이다. 기업에 대해 충분히 공부하고 평가할 수 있다면 이러한 요인들로 저평가 되어있는 주식을 상장에 임박해서 또는 상장이후에 매도를 하여 제값을 받고 수익을 극대화 시키는 것이 일반적인 비상장 주식투자이다.

반면에 비상장 주식 중에서도 흔히들 조단위의 시가총액을 보유하고 있어 대어로 불리는 주식들은 조금 다르다. 왠만한 상장사

못지않은 인지도를 가지고 있으며, 특히 상장에 임박했을 경우 공급(주식 매도)은 제한적이지만 매수가 순식간에 몰려서 단기간에 오버슈팅이 되는 경우가 많다. 물론 성장성이 확고하다면 일시적인 고평가도 충분히 감내할 만하다. 기업의 지속적인 성장으로 지금의 고평가가 충분히 해소될 수 있기 때문이다. 그런데 만약에 현재의 고평가 정도가 일시적으로 해소가 될 수 없다면? 또는 향후 예상되는 높은 성장성에도 불구 그 이상으로 비싸게 거래되고 있다면? 아마 향후 수년간은 원금을 회복하기 어려울 수도 있고, 어쩌면 영영 내가 산 매수가격을 회복하지 못할 수도 있다. 따라서 고평가 주식은 투자시 잘 따져봐야 하며, 특히 과도하게 고평가 된 주식은 매입하지 않는 것이 확률을 높일 수 있는 투자이다. 사례를 한번 살펴보자.

현재 장외시장의 최대어는 카카오뱅크이다. 2020년 9월 18일 기준, 증권플러스 비상장에서 조회되는 추정시가총액은 43조 8,116억원이다. 같은날 4대 금융지주(KB금융/신한지주/하나금융지주/우리금융지주)의 합산 시가총액은 43조 7,507억원이다. 카카오뱅크 1개의 시가총액이 은행 뿐 아니라 증권, 카드, 보험, 자산운용, 저축은행까지 모두 영위하는 4대금융지주의 합산 시가총액보다 큰 것이다. 카카오 뱅크가 지속적으로 성장하더라도 합산 4사의 시장점유율을 뛰어넘는 것은 아주 어려울 것이다. 지나친 고평가다. 이게 끝이 아니다. 카카오 뱅크는 성장함에 따라 지속적으로 유상증자를 할 것이기 때문이다. 은행은 전형적인 대규모

자본이 필요한 산업으로, 저축만으로는 필요한 대출 수요를 감당할 수 없으며 실제로 카카오뱅크, 케이뱅크 등 온라인 은행들은 설립이후 지속적으로 유상증자를 통해 자본을 확장하고 있다. 즉 현재시점에서 유상증자를 추가로 할 경우 기존 주주의 자본 희석이 불가피 하다는 것이다.

[그림 3-1] 증권플러스 비상장內 카카오뱅크 검색화면

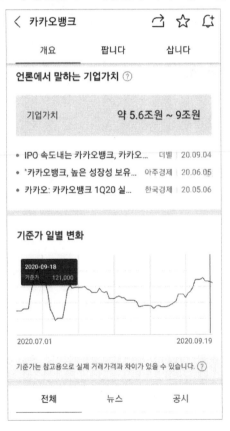

[그림 3-1]은 같은 날(9월 18일) 증권플러스에서 조회한 언론 (증권가)에서 말하는 기업가치이다. 최대가치는 9조원으로 거론되고 있어 현재 장외에서 계산되는 추정시가총액의 13% ~ 21%에 불과하다. 그런데 현재 카카오 뱅크는 비상장 주식 최대어로 활발하게 거래되고 있다. 비상장 주식이 뜨겁다고 해서 카카오 네임밸류만 믿고 무턱대고 사기엔 위험하다. 비상장 주식의 핵심은 상장되기 전에 저평가된 우량주를 사서 이익을 내는 것이며, 상장이 임박한 兆단위 대형주는 일시적으로 고평가 상태에 있더라도 매수해서 수익을 낼 수 있다. 그러나 과도하게 비싼 값에 거래되는 비상장 주식은 반드시 피해야 한다.

지금까지 비상장 주식 투자를 하기 위해서 반드시 체크해야 하는 두가지를 알아봤다. 지금부터는 비상장 주식에 성공하기 위해서 체크해야 하는 충분조건 네가지를 더 알아보자. 이 네가지는 모두 충족하면 좋지만 현실적으로는 쉽지 않으며, 많이 충족할수록 투자하기에 더 좋다고 이해하면 된다.

3) 사업성장성이 우수한가
4) 동종업계 상장주식이 활황인가
5) 정책적인 호재가 있는가
6) 가까운 시일내 상장을 추진하는가

순서대로 살펴보자. 사업성장성이 우수한지를 가리는데는 여러가지 기준이 있겠지만, 최소한 매출 또는 순이익이 연평균 30% 이상 성장하는지 또는 성장이 예상되는지로 판단해볼 수 있다. 이러한 성장주식들은 상장하고 나면 더더욱 주목을 받게 되기 때문에 비상장일 때가 그나마 싸게 매집할 수 있는 기회이다. 또한 이러한 성장주식들은 벤처투자자들도 군침을 흘리기 때문에 기업공개는 성장 후반부에 하는 경우가 많으며 이럴 경우 상장하고 나서 진입하면 단기적으로 꼭지인 경우가 많다. 따라서 사업이 폭발적으로 성장할 때 벤처투자자와 같이 장외에서 매집하는게 좋으며, 벤처투자자의 지분이 높을수록 이들도 조속한 EXIT를 원하기 때문에 상장가능성이 높아져서 서로 Win-Win 이다.

다음은 동종업계의 상장주식이 활황인가를 봐야한다. 앞서 언급했듯 기본적으로 비상장주식은 상장의 기대감을 보고 투자를 하기 마련이다. 따라서 상장된 동종업계의 주식들의 주가 상승세가 강하고 높은 밸류에이션으로 평가받고 있다면 같은 업종의 비상장 주식 또한 기대감이 반영되며 주가 상승률이 높아질 수 있다.

다음으로는 정책적인 호재 여부이다. 대한민국 정부는 진보 보수 가릴 것 없이 정책적으로 중소기업을 육성하기 위해 노력하고, 유동성이 부동산보다는 주식시장으로 향하기를 희망해왔다. 따라서 증권시장 활성화를 위해 많은 정책들을 펴왔다는데, 중소기업이면서 비상장 주식인 경우 중소기업육성정책 및 증권시장 활성화 정책을 동시에 수혜 받기가 쉽다. 정부가 어떤 방향으로 역점을 두고 정책을 피는가에 따라 그에 적합한 주식을 고르면 높은 수익을 얻을 수 있다.

마지막으로는 가까운 시일내에 상장을 추진하는지 여부다. 가까운 시일이라는 것이 상당히 주관적으로 해석될 수 있지만, 필자는 보통 1년 많아도 2년내로 상장추진의 가능성이 있어야 한다고 보고 있다. 기본적으로 상장의 필요성이 급하지 않은 대기업 계열사들을 제외하고는, 대부분 상장을 목표로 하고 있다. 앞서 말했듯 벤처투자자의 지분이 높은 경우 이들도 EXIT를 해야하고, 회사도 상장하면서 신주발행을 통한 추가자금을 유치하고, 대외신인도도 올라가서 회사 사업에도 도움이 되기 때문이다. 따라서 상장 가능성 여부를 포착하는 것이 매우 중요하다고 할 수 있는데, 이를 체크하는 방법은 여러가지가 있다. 먼저 뉴스 등을 통해서 기업 임원진 또는 벤처투자자가 상장 추진일정을 언급했는지, 코스닥 상장 요건을 충족했거나 이른 시일내에 충족할 것으로 예상이 되는지, 과거 또는 현재에 상장심사 신청을 했는지 등으로 파악하는 것이다. 상장이라는 것은 매우 불확실성이 높은 이슈지만, 상장 가능성만으로도 움직이는 것이 비상장주식이기에 체크해야 할 중요한 요인이다.

지금까지 성공적인 비상장 주식투자를 위해서 살펴봐야하는 점들을 알아봤다. 다만 비상상 주식에서 성공석인 투자자로 거듭나기 위해선 이것이 전부는 아님을 알고 지속적으로 공부하고 경험을 쌓아간다면 큰 수익에 점점 가까워질 것이다.

이번에는 이러한 투자조건들의 충족이 어떻게 성공적인 투자로
연결이 되었는지 사례를 분석해보도록 하자. 3개의 기업을 분석할
것인데, K-OTC 시장에서 거래되다가 성공적으로 주식시장에 안
착한 카페24와 코넥스 시장에서 거래되다가 성공적으로 코스닥
시장으로 이전 상장한 이엔드디, 그리고 현재 장외에서 최대어 중
하나로 거론되는 온라인 게임 배틀그라운드의 개발사 크래프톤이
다. 하나씩 살펴보도록 하자

이엔드디

최초 거래시장	코넥스	상장일	'20/07/30

상장 전후 주가추이

2019/01   2020/01

주요재무현황

(단위:억)	2016A	2017A	2018A	2019A	2020F
매출	262	182	281	583	989
영업익	-13	-24	8	98	214
순이익	-15	-37	-10	62	120
PER	N/A	N/A	N/A	3.36	17.42
PSR	0.66	2.93	5.98	2.22	2.45
PBR	3.55	3.30	1.17	0.46	1.91

※ 2020F PER/PSR/PBR은 9월 18일 기준

1) 사업의 실체

이엔드디는 친환경 자동차 부품(매연저감장치 및 촉매OEM)을 제조하는 B2B 기업으로 일반소비자가 해당회사로부터 직접부품을 구매할 수 없어 사업의 실체를 확인할 수는 없지만, 코넥스 시장에 2013년 상장하고 이후 코스닥 상장전까지 7년동안 적정하게 회계감사를 받으면서 별다른 징계를 받은 적이 없어 사업의 실체가 뚜렷하다고 추정할 수 있다.

2) 고평가 여부

이엔드디는 친환경 자동차 부품사로써 '19년의 PER은 불과 3.36배로 상장되어 있는 자동차 부품사 5~10배와 비교했을 때 현저하게 낮았었다. '20년에는 상장가능성이 거론되면서 주가가 급상승했음에도 불구하고, 2차전지 사업부분의 급성장으로 2차전지 소재주와 비교되기 시작했는데, 공모가 14,400원 기준 '20년 예상 PER은 증권사 추정기준 10배 안팎으로 당시 2차전지 소재주의 평균 PER인 30배 ~ 50배보다 현저하게 낮았었다.

3) 사업성장성

이엔드디의 매출액을 보면 '17년을 저점으로 꾸준히 상승하고 있음을 확인할 수 있는데, 이는 자동차 부품 중에서도 성장성이 높은 친환경 부품에 주력하고 있을 뿐 아니라, 성장산업인 2차전지 양극활물질전구체 등에 진출했기 때문이다.

4) 동종업계 상장주식의 활황

글로벌 전기차 대장주인 테슬라가 '20.3월 코로나 저점대비 최대 6배까지 상승한 가운데, 국내에서도 LG화학, 에코프로비엠등 2차전지 관련주식이 활황이었다.

5) 정책적인 호재

정부에서 전기차 산업 육성을 위해 노력하고 있지만, 동사와 관련해서 직접 연관이 되는 정책호재는 없었다.

6) 상장 가능성

이엔드디는 비상장 시장에서 사실 주목받는 업체는 아니었다. 매출규모도 상장사에 비하면 워낙 영세한데다 시가총액도 작았기 때문이다. 그래서 상장가능성을 모니터링하는 투자자들이 많지는 않았다. 그러다가 2020년 4월 29일 상장심사를 요청하면서 주목을 받기 시작했고, 단순히 자동차 부품주가 아닌 2차전지 관련사업을 영위한다고 알려지면서 주가가 급히 치솟게 되었다. 상장심사일인 4월 29일의 종가는 6,800원이었고, 상장승인일인 6월 11일의 종가는 10,050원이었다. 이후 7월 30일 공모가 14,400원으로 상장을 하고 장중 최고점인 34,200원까지 갔었다. 비상장 종목발굴이 어렵고 남들이 잘 보지않는 스몰캡의 경우에도, 상장 소식이 들려올 때 투자를 한다면 충분히 이익을 남길수가 있다. 단, 한 해에도 수십종목의 주식이 상장하는데 모두 이엔드디처럼 되지는 않는다. 앞의 여러가지 조건들도 동시에 체크해야 하는 이유이다.

이엔드디는 코넥스 시장에서 코스닥 시장으로 이전상장한 기업으로, 비상장 주식의 대어는 아니었지만 비상장 주식 투자요건 6개를 전부 충족한 투자하기 적합한 기업이었다. 이러한 평가를 바탕으로 이엔드디의 20년 시초가는 4,200원에 불과했으나 불과 반년 뒤인 20년 8월 11일 장중 최고가인 34,200원을 기록하며 8배 이상 상승했다. 4,200원에 매입하지 못했지만 상장심사 신청일이나 상장 승인일에만 샀더라도 아주 큰 수익을 얻었을 것이다.

[이엔드디 비상장 시기의 투자 체크리스트]

	체크 항목	내용
필요조건	사업의 실체	확실
	고평가 여부	우수
충분조건	높은 성장성	우수
	동종업계 주가	우수
	정책지원 여부	보통(해당 없음)
	상장 가능성	우수

카페24

최초 거래시장	K-OTC	상장일	'18/02/08

상장 전후 주가추이

주요재무현황

(단위:억)	2016A	2017A	2018A	2019A	2020F
매출	1,019	1,426	1,654	2,172	2,433
영업익	-21	74	156	98	114
순이익	-13	51	-282	78	92
PER	N/A	81.93	N/A	72.08	70.70
PSR	0.66	2.93	5.98	2.22	2.45
PBR	7.56	30.39	9.42	4.14	4.72

※ 2020F PER/PSR/PBR은 9월 18일 기준

1) 사업의 실체

카페24는 사실 주식시장보다 인터넷 소상공인으로부터 먼저 알려졌었다. 홈쇼핑 만들 때 편리한 관리 및 결제시스템 등을 제공했으며, 카페24를 이용하여 창업하기 등 수많은 책이 출간되었다. 사업의 실체는 명확하다

2) 고평가 여부

카페24는 전통적인 평가기준인 PER 및 PBR 등으로 보면 비싼 주식임에 틀림이 없었다. 다만 온라인 쇼핑몰 구축 솔루션 등을 제공하는 동사 특성상 과도한 설비투자는 필요하지 않기 때문에 PBR로 평가하는 것은 큰 의미가 없고, 플랫폼 비즈니스로 수익성보다는 선점효과를 누려야 하는 것이 의미가 있기에 적어도 기업 초기 성장기에는 이익지표인 PER보다는 기업이 얼마나 잘 성장하고 있는지 PSR로 평가하는 것이 적절했다. 국내에는 비교기업이 없지만 해외 비교기업으로 거론되던 쇼피파이(Shopify)의 '18년 예상 PSR 11.8배와 비교했을 때 카페24의 PSR이 현저히 낮은 수준이었기 때문에 "적어도" 과도한 고평가라고 말하긴 어려웠다.

3) 사업성장성

카페24의 상장은 '18.2월에 진행이 되었는데, 그 당시 기준으로 가장 최근 재무제표인 17년의 실적은 매출은 약 40% 증가했고 이익은 흑자전환을 했다. 본격적인 성장 및 이익 실현의 기대감이 충만했을 시기이며, 해외 비교기업으로 거론되던 쇼피파이는 적자

지속중이었기 때문에 오히려 이부분에서 프리미엄까지 거론되던 시기였다.

4) 동종업계 상장주식의 활황

국내에 동사와 직접적으로 비교할 수 있는 상장사는 없었으며, 동사와 사업모델이 유사한 글로벌 기업인 쇼피파이는 사상 최고가를 경신하고 있어 동종업계가 주식시장에서 큰 주목을 받고 있던 시기였다

5) 정책적인 호재

카페24는 당시 정부가 도입한 "테슬라 상장"요건을 충족한 1호 상장 추진 기업이었다. 테슬라 상장 요건이란 미국의 테슬라가 적자를 지속함에도 불구하고 기술력 등을 감안하여 나스닥 시장에 상장한 것을 벤치마킹하여, 적자 기업이라도 유망해 보이면 상장을 할 수 있게끔 제도를 개선한 것으로, '16년 12월에 코스닥 시장 활성화 방안의 일환으로 신설된 것이다. 정부 입장에서는 1호 기업부터 성공하지 않으면 해당 정책의 실패를 자인하는 꼴이기 때문에 정부 및 상장주간 증권사는 홍보 등에 심혈을 기울였다. 따라서 주목받을 가능성이 높았고 주목을 받는 다는 뜻은 유동성의 유입을 의미하기 때문에 성공할 가능성이 높다고 말 할 수 있다.

6) 상장 가능성

카페24는 대표적인 인터넷 쇼핑몰 플랫폼으로써 상장가능성이 꾸준히 제기되어왔다. 다만, 당시 규정으로는 적자기업은 상장할 수 없었기 때문에 언제 상장할지 불확실성이 컸는데, '16.12월 테슬라 상장요건 발표로 동사의 상장 가능성이 제기되었다. 이에 따라 '17.1.2일 9,500원이던 주가는 그해 여름 5만원선까지 5배 상승했으며, 상장심사 청구일인 '17.10.27일의 종가 47,750원이나 상장승인일인 '17.12.11일의 종가인 56,500원에 주식을 매입했더라도 반년만에 최대 4배의 주가상승의 기쁨을 누릴 수 있었을 것이다. 그만큼 상장이라는 뉴스는 비상장 주식에 있어 아주 큰 호재이다.

[종합 의견]
카페24는 K-OTC에서 코스닥 시장으로 이전상장한 기업으로, 비상장 주식 투자 체크리스트 대부분을 전부 충족한 투자하기에 아주 적합한 기업이었다. 이러한 평가를 바탕으로 카페24의 17년 시초가는 9,500원에 불과했으나 불과 1.5년 후인 18년 7월 16일 장중 최고가인 204,600원을 기록하며 22배(2153%)나 상승했다. 9,500원에 매입하지 않고 몇배 상승한 3만원 또는 5만원에 매입을 했더라도 아주 큰 수익을 얻었을 것이다. 명심하자 6가지 요건을 대부분 충족하는 기업은 꼭 투자해서 큰 이익을 누리자

[카페24 비상장 시기의 투자 체크리스트]

	체크 항목	내용
필요조건	사업의 실체	확실
	고평가 여부	보통
충분조건	높은 성장성	우수
	동종업계 주가	우수
	정책지원 여부	우수
	상장 가능성	우수

※ 필요조건 2가지 중 하나라도 "부진"하면 투자 대상으로 부적절

크래프톤

현재 거래시장	장외	시가총액	124,109억

주가추이 (출처: 증권플러스 비상장)

기준가 일별 변화

2020-09-22
기준가 1,535,000

2020.06.24   2020.09.22

기준가는 참고용으로 실제 거래가격과 차이가 있을 수 있습니다. ⑦

주요재무현황

(단위:억)	2016A	2017A	2018A	2019A	2020F
매출	371	3104	11,200	10,874	N/A
영업익	-73	266	3,002	3,592	N/A
순이익	-249	-8,795	2,510	2,789	N/A
PER	N/A	N/A	N/A	N/A	N/A
PSR	N/A	N/A	N/A	N/A	N/A
PBR	N/A	N/A	N/A	N/A	N/A

※ 시가총액은 '20년 9월 22일 기준

1) 사업의 실체

크래프톤은 17년 세계 1위 PC게임 플랫폼 스팀에서 이용자 순위 1위를 기록하며 크게 성공한 배틀그라운드 게임을 운영하는 회사이다. 워낙 비상장 대어인데다 비상장기업이지만 드물게 사업보고서와 분·반기보고서를 작성하고 있으므로 실체는 확실해 보인다.

2) 고평가 여부

크래프톤은 일반 비상장기업으로 증권사에서 제시하는 '20년 예상실적이 없다. 다만 20년 상반기까지 나온실적에 2를 곱해서 연간 실적을 계산하는 방식으로 추정해보면, 매출 17,744억, 순이익 8,100억이 구해진다. 단순히 반기실적을 연율화 한 것으로 한계는 있지만 감을 잡아보는 기준점으로 활용해 볼 만하다. '20년 9월 22일 증권플러스 비상장에서 계산되는 추정시가총액은 12조 4,109억원이 나오는데, 이를 바탕으로 '20년 예상 PER을 구해보면 15.3배로 계산된다. 이는 게임업 대장주인 엔씨소프트 24.6배, 펄어비스 16.9배, 웹젠 19.3배 등과 비교해봐도 낮은 수준임을 알 수 있다. 아직까지는 단일게임 의존도가 높아서 동일한 선상에서 비교하기 어려운 부분은 있지만, 적어도 과도하게 비싸지는 않다는 결론을 내릴 수 있다.

3) 사업의 성장성

크래프톤은 '17년에 배틀그라운드를 출시하며 매출이 9배 뛴

후, '18년에 다시 3배 이상 증가하면서 성장세를 이어갔다. '19년에는 매출이 감소하며 정체기를 보였지만, 전자공시시스템에서 반기보고서를 확인하면 '20년 상반기는 작년 상반기 대비 매출 4,451억 -〉 8,872억으로 2배 가까이 뛰었으며, 반기 순이익은 1,137억 -〉 4,050억으로 4배 가까이 뛴 것을 알 수 있다. 이는 20년에 배틀그라운드의 중국진출과 및 모바일버전 배틀그라운드를 출시하며 수익원이 넓어진데 따른 것으로, 주요 게임주 중에 '20년 상반기 성장률이 가장 높았다.

4) 동종업계 상장주식의 활황
크래프톤과 직접접인 비교대상이 되는 엔씨소프트는 9/18일 종가가 연초대비 51.8% 상승했으며, 웹젠의 경우 121.2% 상승하며 2배 이상 올랐다.

5) 정책적인 호재
게임산업 그리고 크래프톤에 대해서 주가측면에서 직접적으로 작용할 만한 호재는 현재로서는 없는 것으로 보인다.

6) 상장 가능성
크래프톤은 최근 공모주 호황에 따라 시장에서 지속적으로 상장 가능성이 제기되고 있는 기업이다. 특히 크래프톤의 경우 사실상 배틀그라운드 게임 1개로 대부분의 수익을 거둬들이고 있는 회사인데, '17~'18년 배틀그라운드 게임 출시로 큰 폭의 성장을 한데

이어, '20년 현재 배틀그라운드 중국진출 및 모바일버전 출시로 또 한번의 높은 성장을 시현하고 있기에 크래프톤 입장에선 지금이 상장의 적기라 할 수 있다.

[종합 의견]

크래프톤은 비상장 주식시장에서 최대어 중에 하나로 평가받는 게임개발업체로 장외에서 이미 1.3조 규모의 시가총액을 형성하고 있으며 단일게임 의존도가 높다는 단점이 있지만, 상장사 대비 저평가된 이점도 있다. 크래프톤은 배틀그라운드가 막 출시되는 '17년 초에는 장외에서 10만원선에 거래가 되고 있었으며, 주가가 꾸준히 올라 '20.9월 현재 170만원선에서 거래되고 있다.

[크래프톤 투자 체크리스트]

	체크 항목	내용
필요조건	사업의 실체	확실
	고평가 여부	우수
충분조건	높은 성장성	우수
	동종업계 주가	우수
	정책지원 여부	보통
	상장 가능성	우수

4. 주요 비상장 주식 분석

코넥스 - 지놈앤컴퍼니 / 툴젠 / 엔솔바이오

K-OTC - 포스코건설 / 삼성메디슨 / 비보존

일반 비상장 - 카카오뱅크 / 엘지씨엔에스

바디프렌드 / 현대오일뱅크

이번에는 앞서 살펴본 비상장 주식투자 고르는 법을 토대로, 주요 비상장 주식에 대해 분석해 보도록 하자. 향후 분석하게 될 기업들은 매수 또는 매도 추천의 기업은 아니며, 비상장 주식시장을 대표할 수 있을 만한 시가총액 또는 거래량이 많은 기업들 중심으로 선정했다. 추천주라고 생각하기보단 어떻게 비상장 주식을 고르는가에 대해 필자의 기준에서 같이 고민해본다고 생각하고 접근해보자.

〈 편집상 공백 〉

지놈앤컴퍼니

현재 거래시장	코넥스	시가총액	5,196억

주가추이

주요재무현황

(단위:억)	2016A	2017A	2018A	2019A	2020F
매출	0	0	0	0	N/A
영업익	-9	-26	-59	-130	N/A
순이익	-9	-26	-58	-846	N/A
PER	N/A	N/A	N/A	N/A	N/A
PSR	N/A	N/A	N/A	N/A	N/A
PBR	N/A	N/A	N/A	N/A	N/A

※ 시가총액은 '20년 9월 23일 기준

1) 사업의 실체

지놈앤컴퍼니는 현재 코넥스 시장 시가총액 1위업체로, 마이크로바이옴(미생물 생태계 및 유전정보 등) 기반으로 신약, 화장품, 건강기능식품 등의 개발을 주력으로 하고 있다. 우수한 연구성과로 '19년에 KDB산업은행, 스마일게이트인베스트먼트, 메리츠종금증권 등 벤처캐피탈로부터 투자를 받았는데, 전문 기관투자자들에게 투자 받았음을 감안한다면, 적어도 사업의 실체는 확실하다고 판단된다.

《 Tip 》

신약개발 회사의 경우 의약학적인 전문지식이 있지 않는 한 평가가 쉽지 않으며, 전문지식을 갖추고 있더라도 임상 통과가능성은 또 별개의 논의사항이기 때문에 일반적으로 증권가 애널리스트들도 리포트를 작성하더라도 목표주가는 제시하지 않는 경우(N/R; Not Rated)가 많다. 따라서 접근방법이 매우 제한적이긴 하지만, 최소한의 기준을 확인해본다는 생각으로 접근해보자.

신약개발업체에 있어 가장 중요한 것은 1) 신약개발 가능성과 2) 해당 신약이 목표로 하고 있는 시장의 크기이다.

첫번째로 신약개발 가능성이 클수록 회사의 가치는 커지는 것은 당연한 논리인 데, 해당 신약의 성공 가능성을 평가할 수 있는 전문지식이 없다면 일반적인 통계를 기준으로 생각해 볼 수 있다.

[표 4-1] 신약개발 단계별 통과 확률, FDA 기준

구분	1상	2상	3상	제품허가
통과확률	60%	30%	60%	85%

상기의 표는 미국 FDA 기준, 평균적인 각 단계별 통과확률이다.

만약에 A라는 신약이 미국 3상을 통과한 상태라면 그것이 제품화 될 확률은 85%라고 보면된다. 또는 B라는 신약이 미국 1상을 통과했다면 2상, 3상 그리고 제품허가 단계를 각각 통과해야 하므로 각각의 확률을 곱한 15.3%(= 30% X 60% X 85%)가 된다. 즉 미국 FDA에서 1상을 통과한 신약이 최종 출시될 확률은 15% 정도라는 것이다. 앞서 말했지만 당연히 신약의 성격이나 제품 개발진 마다 달라질 수 있지만, 이것에 대해 평가가 어렵다면 평균치를 준용해 볼 수 있다는 것이다.

두번째로 해당 신약이 진출할 수 있는 시장이 클수록, 성공했을 때의 기업가치가 올라간다. 시장 규모는 회사 IR 자료 또는 검색 등을 통해서 파악할 수 있는데, 기준을 어떻게 잡느냐에 따라 달라질 수 있으므로 참고만 하자. 또한 신약시장이 아무리 커도 이익률이 작다면 회사 입장에선 계륵일 수 있는데, 한국 신약개발업체의 경우 적당한 단계에서 외부에 라이센싱 아웃을 하는 경우가 많으며, 이경우에는 최종단계까지 직접 진행하는 경우보다 이익률이 떨어질 수 밖에 없다. 다만 글로벌 2상, 3상을 진행하는 것에 막대한 자금이 필요하기 때문에 이런

경우가 더 일반적이다. 다만 계약구조는 정확히 파악하기가 어렵기 때문에, 구할 수 있는 정보가 없다면 이익률은 보수적으로 계산하는 것이 안전한 투자를 위한 길이다.

2) 고평가 여부

지놈앤컴퍼니는 현재 미국 FDA에 항암제 등에 대해 1상에 대한 임상시험계획(IND)을 승인받았다. 앞서 비보존 분석시 언급했듯이 1상인 상태로는 최종 제품허가까지 소요되는 단계도 많고, 통계적인 확률을 감안하면 현재로써는 불확실성이 크다고 할 수 있다. 다만, 아시아 기업 중에서 최초로 마이크로바이옴 기반 치료제에 대해 IND를 승인받았다는 점에서 앞서 있다는 평가를 받는데다, 신약이 아닌 화장품이나 건강기능식품의 경우 신약보다 출시하기가 훨씬 쉽다는 측면에서 상업화에 유리하다고 할 수 있다.

이러한 점을 종합적으로 감안하면 현재주가가 비싸다고 말할 수 없다. 다만 현재까지는 가시적인 상품화 일정이 보이지 않으므로, 투자한다면 불확실성을 감내하는 의사결정이 필요할 것이다.

3) 사업의 성장성

신약개발 업체의 경우 사업의 성장성은 전적으로 신약개발 진척도에 달려있는데, 현재로선 신약개발과 화장품, 건기식 모두 개발 초기단계로써 성장성을 가늠하기는 어렵다.

4) 동종업계 상장주식의 활황

코스닥 제약업종 지수는 '20년 9월 23일 종가 기준으로 연초대비 78.8% 상승하는 등 업종의 주가흐름은 매우 양호하다고 할 수 있다.

5) 정책적인 호재

회사와 직접적으로 연관된 정책적인 호재는 확인되지 않는다.

6) 상장 가능성

지놈앤컴퍼니는 2020년 9월 9일에 코스닥 이전상장 심사청구를 접수한 상태로, 상장 주간사는 한국투자증권이며 기술특례상장의 형태로 상장을 추진중이다. 주요 파이프라인이 초기단계로써 상장 심사결과는 단정할 수 없으나, 아시아 기업중 최초로 마이크로바이옴 기반의 신약을 미국 FDA의 IND를 통과했다는 점과, 코넥스시장에서 최대어로 평가받고 있는 만큼 심사 통과 가능성도 있다고 판단된다. 다만 최근에 연이은 상장 러쉬로 거래소에서 평가기준이 강화되고 있다는 점은 고려해야 한다.

[종합 의견]

지놈앤컴퍼니는 코넥스 시장 최대 시가총액을 보유한 업체로, 마이크로바이옴 기반의 신약/화장품/건강기능식품을 개발하고 있다. 모든 제품이 개발 초기단계로 불확실성이 존재하지만, 업계에서 비교적 희소한 제품을 연구하는 데에 따른 프리미엄도 고려될 수 있다. 현재 상장심사가 진행중이며, 설령 심사에서 통과를 못하더라도 회사측의 상장에 대한 의지가 확고하고, 수많은 벤처투자자들의 EXIT이 필요한 상황이기 때문에 지속적으로 상장에 도전할 것으로 판단된다.

[지놈앤컴퍼니 투자 체크리스트]

	체크 항목	내용
필요조건	사업의 실체	확실
	고평가 여부	보통
충분조건	높은 성장성	보통
	동종업계 주가	우수
	정책지원 여부	보통
	상장 가능성	보통

툴젠

현재 거래시장	코넥스	시가총액	4,029억

주가추이

2019/01   2020/01

주요재무현황

(단위:억)	2016A	2017A	2018A	2019A	2020F
매출	15	33	12	11	N/A
영업익	-27	-41	-83	-166	N/A
순이익	-30	-43	-81	-163	N/A
PER	N/A	N/A	N/A	N/A	N/A
PSR	99.13	100.54	551.83	309.88	N/A
PBR	9.55	25.93	17.40	13.05	N/A

※ 시가총액은 '20년 9월 23일 기준

1) 사업의 실체

툴젠은 9월 23일 현재 코넥스 시장 시가총액 2위업체로, 아시아 유일의 크리스토퍼(CRISPR) 유전자가위 원천기술을 보유한 업체이다. 설립이후 LB인베스트먼트, KTB네트워크, 타임폴리오자산운용, 스마일게이트 등 유명 벤처투자자들이 유상증자에 참여한 점을 감안시, 연구실체가 있는 기업으로 추측할 수 있다.

2) 고평가 여부

툴젠은 현재 유전자 교정 종자와 CMT(사르코마리투스) 치료제를 개발 중이다. 유전자 교정 종자는 말그대로 신약이 아닌 종자이기 때문에 FDA(미국 식품의약국)가 아닌 USDA(미국 농무부)의 승인을 받아야 하며, 일반적으로는 신약개발보다 일정이 빠르게 진행될 수 있다. CMT 치료제는 '20년말 전임상 진입을 목표로 하고 있는 점을 감안하면, 연구가 초기수준이라 매우 불확실성이 크다고 할 수 있다. 다만, 유전자 가위 기술의 경우 이론적으로는 기술의 적용대상이 매우 광범위하므로 잠재 시장이 크다는 장점은 있다.

종합하자면 기술의 독창성은 인정되나, 상용화 여부와 시기 등에 불확실성이 커서 기업가치 산정에 어려워 고평가 여부를 논하기가 쉽지 않다.

3) 사업의 성장성

신약개발 업체의 경우 사업의 성장성은 전적으로 신약개발 진척도에 달려있는데, 현재로선 유전자 교정 종자와 신약개발이 초기 단계로써 성장성을 가늠하기는 어렵다.

4) 동종업계 상장주식의 활황
코스닥 제약업종 지수는 '20년 9월 23일 종가 기준으로 연초대비 78.8% 상승하는 등 업종의 주가흐름은 매우 양호하다고 할 수 있다.

5) 정책적인 호재
회사와 직접적으로 연관된 정책적인 호재는 확인되지 않는다.

6) 상장 가능성
툴젠은 과거 3차례에 걸쳐 기업상장을 추진한바가 있다. 2015년 최초 시도시 최대주주와 2대 주주간 지분격차가 크지 않아 경영권 방어에 취약하다는 이유로 좌절이 되었고, 2016년에는 핵심기술인 유전자 가위 특허권의 실효성이 의심된다는 이유로 미승인 되었다. 이후 유럽특허청에 유전자 가위 특허를 등록하는 등의 보완을 걸쳐 2019년에 세번째로 추진했지만 서울대학교와 특허 빼돌리기 논쟁이 발생하며 상장을 자진 철회했다. 같은 해 상장사인 제넥신과의 합병을 통해 우회상장 하려고 했는데, 이 또한 기존주주들의 과도한 주식매수청구권 행사로 좌절이 되었다. 상장하려는 노력을 꾸준히 지속하고 있지만 계속 변수가 발생하고 있고 이러한 변수들이 쉽사리 제거될 수 있는 요인이 아니라는 점에서 상장 가능성이 높다고 말하기 어렵다.

[종합 의견]

툴젠은 시가총액 기준 코넥스 시장 2위 업체로, 크리스토퍼 유전자 가위 원천기술을 보유하고 있는 업체이다. 다만 기술 개발이 초기단계로 성공까지 많은 불확실성이 존재하며, 수차례 상장을 추진했지만 여러가지 잡음으로 성공하지 못하는 등 좋지 않은 모습을 보였다. 이러한 노이즈는 단기에 반전되기 어려우므로 단기 차익을 노리고 접근하기엔 쉽지 않은 종목으로 판단된다.

[툴젠 투자 체크리스트]

체크 항목		내용
필요조건	사업의 실체	확실
	고평가 여부	보통
충분조건	높은 성장성	보통
	동종업계 주가	우수
	정책지원 여부	보통
	상장 가능성	미흡 ~ 보통

엔솔바이오사이언스

현재 거래시장	코넥스	시가총액	1,538억

주가추이

2019/01　　　　　　　　　2020/01

주요재무현황

(단위:억)	2016A	2017A	2018A	2019A	2020F
매출	2	5	4	5	N/A
영업익	-47	-52	-38	-52	N/A
순이익	-61	-54	-38	-45	N/A
PER	N/A	N/A	N/A	N/A	N/A
PSR	N/A	N/A	222.50	156.01	N/A
PBR	N/A	N/A	15.41	37.18	N/A

※ 시가총액은 '20년 9월 23일 기준

128

1) 사업의 실체

엔솔바이오사이언스는 근골격계 질환 치료제를 개발하는 신약 개발 업체이다. 주요 파이프라인으로는 퇴행성 디스크 치료제(미국 FDA 임상 3상 IND 예정), 골관절염치료제(국내 임상 1상 진행중), 동물용 퇴행성 골관절염 치료제(국내 판매중) 등이 있다. 2대주주는 유한양행(11.7% 보유)으로 신약개발에 전문지식이 있는 국내 메이저 제약회사가 주식을 보유하고 있고, '20년 7월 정부(중소벤처기업부)가 선정한 예비유니콘에 선정되는 등 실체는 확실하다고 보여진다.

2) 고평가 여부

동물용 퇴행성 골관절염 치료제가 '20년 3월부터 국내에 판매되기 시작한 가운데, 퇴행성 디스크 치료제도 임상 3상을 앞두고 있는 점을 감안하면, 신약개발 초기 수준의 단계는 지나간 것으로 보인다. 여전히 주요 파이프라인의 최종 승인에 대해서는 불확실하지만, 1~2상 단계를 밟고 있는 업체들보다는 낫다는 것이다. 한편, 관절염 등 근골격계 질환은 시장규모가 매우 크지만, 동시에 경쟁도 아주 치열한 시장이므로 성공적으로 출시하더라도 어느 정도의 점유율을 가져갈 수 있을지는 불확실 하다. 다만 이러한 요소들을 고려하더라도 현재 1,500억 수준의 시가총액은 크게 비싸다고 느껴지지는 않는다.

3) 사업의 성장성

앞서 언급한 것처럼 동물용 퇴행성 골관절염 치료제가 올해부터 판매되기 시작했고, 임상 3상을 준비하고 있는 제품도 있어 성장성은 어느정도는 확보되어 있다고 판단할 수 있다.

4) 동종업계 상장주식의 활황

코스닥 제약업종 지수는 '20년 9월 23일 종가 기준으로 연초대비 78.8% 상승하는 등 업종의 주가흐름은 매우 양호하다고 할 수 있다.

5) 정책적인 호재

회사와 직접적으로 연관된 정책적인 호재는 확인되지 않는다.

6) 상장 가능성

증권가에서는 엔솔바이오사이언스가 기술특례상장 제도를 통해 '21년 중 기업공개를 할 것으로 추측하고 있다. 기술성 평가 결과가 양호하게 나와야 하겠지만, 이미 시판하고 있는 제품 등이 존재하는 것을 감안하면 통과 가능성이 있어 보이고, 또한 경영진의 상장 의지도 충분한 것으로 판단된다.

[종합 의견]

엔솔바이오사이언스는 근골격계 질환 치료제를 개발하는 신약개발 회사로, 주요 제품들이 시장에 출시되있거나, 또는 미국 3상 임상을 앞두고 있다. 다만, 제품별로 경쟁이 매우 치열하거나 또는 시장 규모가 작다(동물용 골관절염 치료제)는 우려도 있다. 회사 경영진의 상장 의지는 충분하고, 회사 내외부적으로도 상장에 대한 얘기가 꾸준히 나오고 있어 중단기적으로 상장 가능성이 존재한다.

[엔솔바이오사이언스 투자 체크리스트]

체크 항목		내용
필요조건	사업의 실체	확실
	고평가 여부	보통
충분조건	높은 성장성	보통
	동종업계 주가	우수
	정책지원 여부	보통
	상장 가능성	우수

포스코건설

현재 거래시장	K-OTC	시가총액	9,406억

주가추이

주요재무현황

(단위:억)	2016A	2017A	2018A	2019A	2020F
매출	71,281	70,192	70,280	76,503	71,281
영업익	-5,090	3,004	3,041	2,475	-5,090
순이익	-6,782	803	1,335	1,727	-6,782
PER	N/A	14.98	9.53	6.99	N/A
PSR	0.44	0.47	0.51	0.46	0.44
PBR					N/A

※ 시가총액은 '20년 9월 21일 기준

132

1) 사업의 실체

포스코건설은 국내 1위 철강회사인 포스코가 52.8% 보유한 포스코 계열의 건설회사다. 자체적으로 더샵이라는 아파트 브랜드를 소유하고 있다. 사업의 실체에 대해서는 의심의 여지가 없다.

2) 고평가 여부

포스코건설은 일반 비상장기업으로 증권사에서 제시하는 20년 예상실적이 없다. 포스코건설의 경우 성장성이 크지 않은 건설업이라는 점과 20년 상반기의 순이익이 2,246억으로 유독 실적이 잘 나왔다는 점을 고려하면, 크래프톤처럼 상반기 실적에 2를 곱해서 평가하기는 어려운 점이 있다. 따라서 '19년 실적을 바탕으로 고평가 여부를 가늠해자면, '20년 9월 21일 기준 시가총액은 9,406으로 PER은 5.45배로 계산된다. 이는 '20년 예상 PER 기준으로 현대건설 8.6배, 대우건설 4.7배, GS건설 4.5배 등과 비교해보면, 대장주인 현대건설보다는 저평가이지만, 경쟁사인 대우건설, GS건설보다는 약간 비싼 수준임을 알 수 있다.

3) 사업의 성장성

포스코건설의 '16~'19년 매출을 보면 7조원대에서 유지되고 있는 것을 볼 수 있으며 20년 상반기의 경우에는 '19년 상반기 대비 13% 증가하긴 했지만 구조적으로 성장하는 모습은 보이지 않고 있다. 사업의 성장성은 높다고 말하기 어렵다.

4) 동종업계 상장주식의 활황

동사와 직접 비교대상이 되는 현대건설, GS건설, 대우건설 등은 현재 9월 21일의 주가가 모두 '20년초 대비 낮은 수준으로, 건설업계 전반적으로 좋은 평가를 받지 못하고 있으며, 이에 따라 포스코 건설도 상장하기에 좋은 시기라고 말할 수 없다.

5) 정책적인 호재

현 정부에서 SOC 및 주택공급 확대전략을 추진하고 있지만, 대기업인 동사가 집중적으로 수혜 받기는 어려울 가능성이 있다. 정책적으로 호재가 있다고 말하기 어렵다.

6) 상장 가능성

포스코건설의 2대주주는 사우디 국부펀드로 총 주식의 38%를 보유하고 있으며, 시장에선 2대 주주가 EXIT을 희망하고 있다는 소리도 일부 들려오긴 한다. 그러나 앞서 말했듯 현재 건설업의 주가가 양호하지 못해 상장하기에는 적합한 시기가 아니고, 1대주주인 포스코도 급전이 필요한 상황은 아니므로 포스코건설을 상장할 만한 뚜렷한 Needs가 확인되지 않는다. 따라서 단기내에는 상장을 기대하기 어렵다고 평가된다.

[종합 의견]

포스코건설은 포스코 계열의 대형 건설사로 17년이후 7조원대의 매출을 유지하고 있는 우량 건설사로 평가받는다. 다만 기업의 성장성이 미미하고, 상장 건설사의 주식흐름이 좋지 않으며, 최대 주주인 포스코 입장에서도 이러한 불리한 조건에 상장을 추진할 이유는 없어 보인다. 따라서 현재시점에서 투자하기에 좋은 비상장 주식이라고 거론되기 어렵다.

[포스코건설 투자 체크리스트]

체크 항목		내용
필요조건	사업의 실체	확실
	고평가 여부	보통
충분조건	높은 성장성	보통
	동종업계 주가	부진
	정책지원 여부	보통
	상장 가능성	부진

삼성메디슨

현재 거래시장	K-OTC	시가총액	6,770억

주가추이

2019/01　　　　　　　2020/01

주요재무현황

(단위:억)	2016A	2017A	2018A	2019A	2020F
매출	2,599	3,026	3,264	3,256	N/A
영업익	-252	65	22	26	N/A
순이익	-255	102	536	90	N/A
PER	N/A	103.38	15.24	97.00	N/A
PSR	2.48	3.49	2.50	2.66	N/A
PBR	N/A	N/A	N/A	N/A	N/A

※ 시가총액은 '20년 9월 21일 기준

1) 사업의 실체

삼성메디슨은 1985년 설립된 의료기기 회사로 2011년 삼성그룹에 편입이 되었다. 영업이력이 길고, 국내 최대그룹인 삼성그룹의 계열사로써 사업의 실체에 대해 의심할 여지는 없다.

2) 고평가 여부

삼성메디슨도 마찬가지로 증권사에서 제시하는 '20년 예상실적이 없다. 금융감독원 전자공시시스템에서 '20년 반기보고서를 확인해보면 매출과 순이익 모두 '19년 상반기 대비 감소한 것을 확인할 수 있다. 즉, 실적은 잘나와봐야 '19년 수준을 넘기 어려울 것이라고 짐작할 수 있는데, '20년 9월 21일 기준 시가총액은 6,770억으로 PER은 70배~100배 수준으로 추정된다. 이는 상장 의료기기업체인 아이센스의 '20년 예상 PER 14.7배, 그리고 메디아나의 '20년 예상 PER인 7.6배보다 현저히 높은 것이다. 삼성 계열사로써 주가 프리미엄을 감안하더라도 현재 삼성메디슨의 주가가 과도하게 높다고 판단된다.

《 Tip 》

K-OTC 거래 기업의 경우 금융투자협회에서 발간하는 기업분석보고서에서 비교할만한 기업의 리스트를 제시하고 있다. 이 중에서 상장기업을 찾아 비교해보면서 고평가 여부를 체크해 볼 수 있다.

3) 사업의 성장성

삼성메디슨의 '17~'19년 매출이 3천억원 초반에서 유지되고 있으며, '20년 상반기의 경우 '19년 상반기보다 감소한 것을 감안하면, 사업은 정체상태에 있다고 판단된다.

4) 동종업계 상장주식의 활황

'20년 9월 21일 주가 기준으로, 아이센스는 '20년초 대비 약 25%가 상승했으며, 메디아나는 약 100% 상승하는 등, 의료기기 업체의 주가흐름은 아주 양호하다.

5) 정책적인 호재

회사와 직접적으로 연관된 정책적인 호재는 확인되지 않는다.

6) 상장 가능성

삼성메디슨의 지분분포를 보면 최대주주인 삼성전자가 총 주식의 68.45%를 가지고 있다. 삼성전자가 자금이 급한 것도 아니고, 상장시키면 상장사로 관리해야 할 대상만 늘어난다. 삼성전자 입장에서는 삼성메디슨을 상장시킬 유인이 보이지 않는다. 또한 일반적으로 대기업의 비주력 자회사는 오너입장에선 상장시켜야 할 유인이 크지 않으며, 상장에 따른 언론의 주목을 부담스러워 하는 경우가 많기 때문에 상장 가능성을 높지 않게 보는 것이 일반적이다.

[종합 의견]

삼성메디슨은 삼성그룹 계열의 의료기기 회사이나, 장외에서 주가가 비싸게 형성된 가운데, 성장성 및 상장 가능성 등의 호재가 관찰되지 않는다. 현재시점에서 투자할 만한 비상장 주식으로 고려되기 어렵다.

[삼성메디슨 투자 체크리스트]

	체크 항목	내용
필요조건	사업의 실체	**확실**
	고평가 여부	부진
충분조건	높은 성장성	부진
	동종업계 주가	우수
	정책지원 여부	보통
	상장 가능성	부진

※ 필요조건 2가지 중 하나라도 "부진"하면 투자 대상으로 부적절

비보존

현재 거래시장	K-OTC	시가총액	5,878억

주가추이

2019/01   2020/01

주요재무현황

(단위:억)	2016A	2017A	2018A	2019A	2020F
매출	0	6	8	3	N/A
영업익	-34	-53	-85	-327	N/A
순이익	-44	-55	-84	-498	N/A
PER	N/A	N/A	N/A	N/A	N/A
PSR	N/A	N/A	778.38	2323.08	N/A
PBR	N/A	N/A	6.11	9.51	N/A

※ 시가총액은 '20년 9월 21일 기준

1) 사업의 실체

비보존은 K-OTC 시가총액 3위 업체로 비마약성 진통제 등을 개발하는 신약개발 업체이다. 전문지식이 없는 일반투자자 입장에서는 회사의 임상신청/진행 내역 및 개발 파트너 회사가 어딘지를 통해서 상업의 실체여부를 확인해 볼 수 있는데, 비보존의 경우 한국과 미국 등지에서 임상을 진행한 사례를 감안하면 사업실체는 있는 것으로 보인다.

2) 고평가 여부

비보존은 앞서 말했듯 비마약성 진통제 오피란제린 개발을 주력으로 하는 업체인데, 미국 FDA 임상 3a상 통과 기대감으로 '19년 10~11월 사이 주가가 단숨에 3배 이상 급등했었다가, 통과가 좌절되면서 주가는 제자리로 돌아왔다. 이후 '20년에 의욕적으로 추진하던 임상 3b상은 진행하고 있는데, 현재 코로나로 인해 환자 모집이 어려워 잠정적으로 중단된 상태이다.

그동안 비보존의 기업가치를 지지하던 핵심은 비마약성 진통제 신약 개발이었는데, 최초 3a상 통과를 실패한데 이어 현재 진행중인 임상 3b상도 코로나 이슈로 임상환자 모집이 지연되고 있어 불투명하다. 비마약성 진통제 시장은 전세계적으로 20조가 넘는다고 알려져 있는데, 절대 시장규모가 큰 것은 다행이지만, 출시 이후 높은 점유율을 확보할 수 있을지는 별개의 문제이다. 따라서 임상불확실성 등을 감안한다면, 뚜렷한 신약개발의 청신호가 포착

되지 않는 이상, 현재의 시가총액이 저평가 되었다고 말하기는 어려워 보인다.

3) 사업의 성장성

신약개발 업체의 경우 사업의 성장성은 전적으로 신약개발 진척도에 달려있는데, 현재로선 비보존이 발표했던 임상 계획보다 많이 늦어지고 있는 것으로 보인다.

4) 동종업계 상장주식의 활황

코스닥 제약업종 지수는 '20년 9월 23일 종가 기준으로 연초대비 78.8% 상승하는 등 업종의 주가흐름은 매우 양호하다고 할 수 있다.

5) 정책적인 호재

회사와 직접적으로 연관된 정책적인 호재는 확인되지 않는다.

6) 상장 가능성

비보존은 회사 경영진들의 상장에 대한 의지가 높다고 판단된다. '19년 6월에는 코스닥시장 입성을 목표로 기술특례 상장을 위한 기술성 평가를 진행한 바 있으며, 같은 해 '12월 13일에 신한금융투자를 상장 주간 증권사로 선정하는 등 꾸준히 코스닥 시장 상장을 위해 노력하고 있다.

다만 이러한 노력해도 불구, 기술성 평가에는 통과하지 못했으며, 임상 3a상 좌절로 상장 성사 가능성을 쉽게 예단하기는 어려운 상황이다.

[종합평가]

비보존은 K-OTC 시장 시가총액 3위 업체로, 비마약성 진통제 신약개발을 추진하고 있는 회사이다. 다만 '19년 12월 미국 FDA 임상 3a상을 통과하지 못한데 이어, 현재 진행중인 3b상도 진행이 지연되고 있다. 상장에 대한 회사측 의지는 뚜렷하지만, 실제 성사 여부에는 불확실성이 많은 것으로 판단된다.

[비보존 투자 체크리스트]

체크 항목		내용
필요조건	사업의 실체	확실
	고평가 여부	부진 ~ 보통
충분조건	높은 성장성	부진 ~ 보통
	동종업계 주가	우수
	정책지원 여부	보통
	상장 가능성	보통

※ 필요조건 2가지 중 하나라도 "부진"하면 투자 대상으로 부적절

카카오뱅크

현재 거래시장	일반 비상장	시가총액	372,398억

주가추이 (출처: 증권플러스 비상장)

기준가 일별 변화

2020-09-24
기준가   102,000

2020.07.01   2020.09.24

기준가는 참고용으로 실제 거래가격과 차이가 있을 수 있습니다. (?)

주요재무현황

(단위:억)	2016A	2017A	2018A	2019A	2020F
매출	13	689	3,756	6,649	N/A
영업익	−153	−1,042	−212	133	N/A
순이익	−153	−1,045	−210	137	N/A
PER	N/A	N/A	N/A	N/A	N/A
PSR	N/A	N/A	N/A	N/A	N/A
PBR	N/A	N/A	N/A	N/A	N/A

※ 시가총액은 '20년 9월 24일 기준

1) 사업의 실체

카카오뱅크는 카카오가 33.5%, 한국투자밸류자산운용이 28.6% 등을 보유하고 있는 국내 최대의 인터넷전문은행이다. 이미 사업을 런칭하여 성공적으로 운영하고 있으며 이에따른 실체는 확실하다고 판단된다.

2) 고평가 여부

카카오뱅크의 고평가 여부는 지난 3장 94쪽에서 이미 언급했던 내용이므로, 간단히 요약하여 정리하겠다.

현재 장외에서 거래되는 카카오뱅크의 시가총액은 은행/증권/카드/보험/저축은행까지 모두 영위하는 4대금융지주의 합산 시가총액 수준에서 형성되어 있는데, 이는 증권가에서 추정하는 카카오뱅크의 시가총액 5.6조 ~ 9조와 상당히 큰 차이를 보이고 있다. 또한 카카오뱅크는 향후에도 수차례 유상증자를 진행할 것으로 전망됨에 따라 기존 주주의 자본 희석이 불가피 하다. 이러한 점을 감안하면, 현재 장외에서 거래되는 가격은 매우 고평가 되어있다고 판단된다.

3) 사업의 성장성

카카오뱅크의 성장성을 보면 '17년 정식출범 후 매출(영업수익이) 689억에서 '19년 6,649억으로 급격히 성장하는 것을 볼 수 있다. 케이뱅크보다 출범이 늦었지만, 케이뱅크가 증자 지연에 따라 대출이 중단되는 등 성장이 멈춰있는 동안 카카오 그룹의 전폭적인 지원을 바탕으로 인터넷전문은행 시장을 사실상 선점하고 있으며, 추후 기업공개로 추가 투자금을 유치하면 시중은행과도 비교할 수 있을 정도로 외형이 확장될 것으로 전망된다.

4) 동종업계 상장주식의 활황

엄밀히 말해서 카카오뱅크와 유사한 사업모델을 가지고 있는 상장사는 없어 비교하기 어렵다. 다만 2020년 기준, 성장성이 뛰어난 兆단위 시가총액을 보유한 기업공개의 경우, 공모참여 경쟁률이 수백대일에 이르는 등 호황을 보이고 있다.

5) 정책적인 호재

회사와 직접적으로 연관된 정책적인 호재는 확인되지 않는다.

6) 상장 가능성

'20년 9월 23일 카카오뱅크는 기업공개(IPO)추진에 대해 이사회 결의를 했다고 밝혔다. 기업공개의 목적은 자본확충 수단 확보라고 전했다. 현재 주식시장의 유동성이 풍부한 가운데, 기업공개시 신주발행을 통한 대출여력 확보 필요성 등을 감안하면, 상장가능성은 높다고 판단된다. 증권가에선 '21년 중 상장할 것으로 전망하고 있다.

[종합 의견]

카카오뱅크는 국내 1위의 인터넷전문은행으로써, 현재 장외시장에서 최대어로 평가받고 있다. 성장성도 아주 우수하지만, 장외시가총액이 증권가 평가보다 과도히 높게 형성되어 있어 현재가격으로 매입할 경우 이익실현이 어려울 수도 있다는 점은 우려할 점이다. 회사측의 상장 의지도 높고 상장여건도 우호적이라는 판단이다.

[카카오뱅크 투자 체크리스트]

	체크 항목	내용
필요조건	사업의 실체	확실
	고평가 여부	부진(고평가)
충분조건	높은 성장성	우수
	동종업계 주가	보통
	정책지원 여부	보통
	상장 가능성	우수

※ 필요조건 2가지 중 하나라도 "부진"하면 투자 대상으로 부적절

엘지씨엔에스

현재 거래시장	일반 비상장	시가총액	71,502억

주가추이 (출처: 증권플러스 비상장)

기준가 일별 변화

```
2020-09-25
기준가      82,000
```

2020.06.27   2020.09.25

기준가는 참고용으로 실제 거래가격과 차이가 있을 수 있습니다. ⑦

주요재무현황

(단위:억)	2016A	2017A	2018A	2019A	2020F
매출	29,477	30,032	31,176	32,833	N/A
영업익	1,686	2,156	1,870	2,128	N/A
순이익	893	1,188	1,105	1,634	N/A
PER	N/A	N/A	N/A	N/A	N/A
PSR	N/A	N/A	N/A	N/A	N/A
PBR	N/A	N/A	N/A	N/A	N/A

※ 시가총액은 '20년 9월 25일 기준

1) 사업의 실체

엘지씨엔에스는 정보기술 솔루션, IT 아웃소싱 등을 공급하는
IT 서비스 전문기업으로, LG 그룹 지주사인 ㈜LG가 49.95%를
보유하고 있다.

2) 고평가 여부

엘지씨엔에스와 비교할 만한 상장사로는 삼성그룹의 IT 서비스
전문기업인 삼성에스디에스와 현대차그룹의 IT 서비스 전문기업
인 현대오토에버 등이 있다.

삼성에스디에스의 '20년 9월 24일 현재기준 시가총액은 12조
9,608억원이며 '19년 순이익은 7,504억원이었다. 현대오토에버의
경우 9월 28일 시가총액은 1조 2,075억원이며 '19년 순이익은
649억원이다. 엘지씨엔에스의 시가총액이 삼성에스디에스의 0.55
배인 반면 순이익은 0.22배에 불과하고, 현대오토에버 시가총액의
5.9배인반면 순이익은 2.5배에 불과하다.

IT 서비스업을 영위하는 상장사와 비교시 고평가 되어 있음을
알 수 있다. 비상장기업은 특별한 사유가 있지 않는 한 상장사 대
비 저평가 되어 있는 것이 일반적이지만, 동사는 오히려 상장사보
다 고평가 되어 있는 것이다. 투자하기엔 비싸다고 볼 수 있다.

3) 사업의 성장성

매출액 추이를 보면 폭발적으로 성장하는 것은 아니지만 매년 3%~5% 내외로 꾸준히 성장하는 것을 볼 수 있다. 꾸준히 성장한다는 점은 매력적이지만 고평가를 정당화할 정도로 높은 성장성을 보이고 있지는 않다.

4) 동종업계 상장주식의 활황

'20년 기준 삼성에스디에스나 현대오토에버의 주가를 보면 연초 대비 뚜렷한 흐름을 보이고 있지는 않다. 동종업계의 상장주식이 활황이라고 말할 수 없다.

5) 정책적인 호재

IT 서비스업은 기본적으로 4차산업 시대에 수요가 많은 사업으로 여러가지 정부정책에 간접적으로 관여가 될 수 있다. 다만 동사가 직접적으로 수혜 받을 수 있는 정책적인 호재는 없다고 보인다.

6) 상장 가능성

엘지씨엔에스는 '20년 4월 일감몰아주기 규제를 피하기 위해 ㈜LG가 보유하고 있던 지분 35%를 맥쿼리 PE에 매각(매각가 1조내외)한 바 있다. 당시 상장을 통해서도 일감몰아주기 규제를 피할 수 있었지만 그렇지 않고 지분매각한 것을 보고 증권가에서는 단기내 상장가능성을 낮게 해석했다. 나만 맥쿼리 PE 입상에서도 향후 EXIT이 필요할 텐데 이때 상장방안이 재 검토될 수 있다.

[종합 의견]

엘지씨엔에스는 LG그룹 계열의 IT 서비스 전문업체로 꾸준한 실적을 내고 있으나, 상장사인 삼성에스디에스, 그리고 현대오토 에버와 가격을 비교할 경우 비싸다고 판단된다. 특히 올해 지분 35%를 약 1조원에 사모펀드에 매각했는데, 이를 역산해보면 지분 100%의 가치는 약 3조원으로 추산된다. 현재 시가총액이 7조원을 상회하는 것을 보면, 최근 거래가격과 비교해도 비싸보인다는 것이 명백하다. 상장 가능성은 중장기적으로 기대할 수 있다.

[엘지씨엔에스 투자 체크리스트]

	체크 항목	내용
필요조건	사업의 실체	확실
	고평가 여부	부진(고평가)
충분조건	높은 성장성	보통
	동종업계 주가	보통
	정책지원 여부	보통
	상장 가능성	보통

※ 필요조건 2가지 중 하나라도 "부진"하면 투자 대상으로 부적절

바디프랜드

현재 거래시장	일반 비상장	시가총액	7,403억

주가추이 (출처: 증권플러스 비상장)

기준가 일별 변화

```
2020-09-25
기준가        9,300
```

2020.06.27   2020.09.25

기준가는 참고용으로 실제 거래가격과 차이가 있을 수 있습니다. (?)

주요재무현황

(단위:억)	2016A	2017A	2018A	2019A	2020F
매출	3,475	4,129	4,504	4,802	N/A
영업익	637	833	509	411	N/A
순이익	458	618	570	343	N/A
PER	N/A	N/A	N/A	N/A	N/A
PSR	N/A	N/A	N/A	N/A	N/A
PBR	N/A	N/A	N/A	N/A	N/A

※ 시가총액은 '20년 9월 25일 기준

1) 사업의 실체

바디프랜드는 광고모델인 추성훈/BTS 의자로도 알려진 국내 1위 안마의자 렌털 업체로 사업의 실체에 대해 의심의 여지가 없다.

2) 고평가 여부

바디프랜드와 직접 비교할만한 상장회사는 없는 것으로 파악된다. 다만 제품은 다르지만 마찬가지로 렌탈비즈니스를 영위하고 있는 코웨이, SK렌터카 등과 비교하여 감을 잡아볼 수 있다.

코웨이의 경우 '19년 PER은 21배, 예상순이익으로 계산한 '20년 PER은 13배로 계산이 된다. SK렌터카는 각각 16배, 11배이다. 바디프랜드의 '20년 상반기 순이익은 259억을 기록했는데, 이를 단순히 2를 곱해서 연율화하면 '20년 순이익은 518억 정도로 예상해볼 수 있다. 그러면 현재 시가총액대비 PER 14배 수준으로 코웨이나 SK렌터카보다 조금 비싸게 형성되어 있는 것으로 판단할 수 있다.

3) 사업의 성장성

매출은 '16년부터 한번도 역성장하지 않고 꾸준히 증가하고 있지만, 증가율이 작아지고 있는 것이 확인된다. 이는 안마의자 렌탈 업계의 경쟁 심화에 따른 것이며, 이익률 감소로도 확인이 된다.

4) 동종업계 상장주식의 활황

앞서 언급했듯, 직접 비교할 수 있는 동종업계 상장사는 존재하지 않는다. 간접적으로 비교할 수 있는 코웨이와 SK렌터카는 '20년 9월 25일 현재 연초대비 낮은 주가에서 거래되고 있다. 다만 코웨이는 렌탈정수기의 방문판매/방문관리가 사업모델로 코로나의 피해주로 인식되고 있으며, SK렌터카 또한 코로나 피해로 여행수요가 감소했다는 단점이 있지만, 바디프랜드의 경우 오히려 집에 거주하는 시간이 늘어나면서 안마 수요가 증가하는 요인도 있기 때문에 단순비교하기는 어려운 점이 있다.

5) 정책적인 호재

바디프랜드와 관련하여 직접적인 정책 호재는 없는 것으로 확인된다.

6) 상장 가능성

바디프랜드는 '14년, '15년 그리고 올해인 '20년까지 세차례에 걸쳐 상장을 추진했으나 모두 좌절되었다. 사유는 대표이사 형사입건, 공정위 고발 등 경영 투명성 미흡이 거론되었다. 회사 자체 비즈니스의 문제점은 아니라 충분히 개선될 수 있는 요인이고, 경영진의 상장 의지가 확고하다는 점도 확인이 되지만, 반복되는 상장 좌절은 투자자들에게 믿음을 주기 부족한 부분이 있다.

[종합 의견]

바디프랜드는 국내 1위 안마의자 렌탈업체로 양호한 실적을 꾸준히 기록하고 있으나, 업계내 경쟁이 심화되며 '19년까지 매출성장률과 이익률이 감소했다. 경영진의 상장 추진 의지는 확고한 것으로 판단되나, 연이은 상장 좌절은 투자하기에 부담으로 작용하는 부분도 있어, 투자 의사결정을 위해선 실적개선 및 경영 투명성 제고 여부를 지속적으로 모니터링할 필요가 있다.

[바디프랜드 투자 체크리스트]

	체크 항목	내용
필요조건	사업의 실체	확실
	고평가 여부	보통
충분조건	높은 성장성	우수
	동종업계 주가	보통
	정책지원 여부	보통
	상장 가능성	보통

현대오일뱅크

현재 거래시장	일반 비상장	시가총액	78,181억

주가추이 (출처: 증권플러스 비상장)

기준가 일별 변화

```
2020-09-25
기준가        31,900
```

2020.07.14   2020.09.25

기준가는 참고용으로 실제 거래가격과 차이가 있을 수 있습니다. ?

주요재무현황

(단위:억)	2016A	2017A	2018A	2019A	2020F
매출	118,881	163,873	215,036	211,168	N/A
영업익	8,732	11,378	6,610	5,219	N/A
순이익	7,078	9,379	4,038	3,129	N/A
PER	N/A	N/A	N/A	N/A	N/A
PSR	N/A	N/A	N/A	N/A	N/A
PBR	N/A	N/A	N/A	N/A	N/A

※ 시가총액은 '20년 9월 25일 기준

1) 사업의 실체

현대오일뱅크는 현대중공업그룹 계열의 정유회사로써 확실한 사업실체를 가지고 있다.

2) 고평가 여부

국내 정유 4사에는 SK에너지, GS칼텍스, S-Oil, 현대오일뱅크가 있는데, 이 중 직접 상장되어 있는 회사는 S-Oil뿐이다. 최근 유가 급락으로 이익 변동성이 급격하게 확대됨에 따라 PER로는 비교가 어려운 측면이 있다. 또한 S-Oil은 전형적인 고배당주식으로 배당을 많이 할수록 자본은 감소하는 경향이 있어, 양사간의 배당성향 차이를 감안하면 PBR 또한 직접비교하기 어렵다. 양사간의 사업포트폴리오 차이가 있지만 현재상황에서 그나마 용이하게 비교해볼 수 있는 지표는 PSR이라고 볼 수 있겠다.

'16년 이후 평균적으로 S-Oil의 매출은 현대오일뱅크의 1.2배 수준을 기록해왔는데, 이를 PSR 관점에서 고려해보면 S-Oil의 시가총액은 현대오일뱅크의 1.2배 수준을 기록해야 할 것이다. 그런데 S-Oil은 9월 25일 현재 5조 7,838억의 시가총액을 가지고 있어 오히려 현대오일뱅크보다 낮다. 양사간 사업포트폴리오 차이가 분명이 존재하겠지만, 그럼에도 불구하고 매출규모가 더 작고 비상장 기업인 현대오일뱅크의 시가총액이 S-Oil보다 35% 가량 더 크다는 것은 현대오일뱅크가 어느정도 고평가 되어있다고 판단할 수 있다.

3) 사업의 성장성

매출은 '18년까지 지속 성장하다가, '19년에 소폭 감소한 것이 확인된다. '20년인 올해는 코로나 이후 저유가 기조로 인해 매출이 크게 감소할 것으로 전망된다. 이익 또한 유가와 스프레드에 의해 좌우되는데, 올해는 저유가에 따른 재고손상차손 등 영향으로 적자가 예상이 된다. 정유업은 호황과 불황을 반복하겠지만 구조적으로 성장하는 산업이라고 말하기는 어렵다.

4) 동종업계 상장주식의 활황

올해 저유가 영향으로 정유업체의 주가가 매우 부진하다.

5) 정책적인 호재

현대오일뱅크와 관련하여 직접적인 정책 호재는 없는 것으로 확인된다.

6) 상장 가능성

현대오일뱅크는 증권가에서 지난 수년간 상장 가능성을 점쳐왔던 업체였다. 그러나 '19년 상장대신 지분 19.9%를 사우디 국영 석유회사인 아람코에 매각하며 자금을 조달했고, '20년 9월 현재로는 저유가에 따른 실적부진으로 단기내 상장가능성은 없어 보인다. 다만, 내부적으로 꾸준히 상장 가능성을 검토해보고 있는 것으로 일러지는 등, 업황이 좋아지면 인제라도 상장할 수 있는 업체기 때문에 정유업황이 좋아진다면 제일 먼저 투자를 고려해볼 수 있는 비상장 회사기도 하다. 앞서 말했지만 비상장 주식은 꼭 상장해서 이익을 남기는게 아니라, 실제로 상장까지 가지 않더라도 상장 기대감으로 주식이 반응할 때를 이익실현의 기회로 삼을 수 있다는 것을 명심하자.

[종합 의견]

현대오일뱅크는 국내 메이저 정유회사로 확실한 사업실체를 가지고 있으나, 현재 상장 정유사인 S-Oil보다 고평가로 확인이 되는 가운데, 실적부진 여파로 단기내 상장 가능성은 없는 것으로 판단이 된다. 다만 향후 업황 호조시 상장가능성이 있는 만큼 유가 및 스프레드 등을 지속 모니터링 한다면 투자기회를 잡을 수 있을 것으로 판단된다.

[현대오일뱅크 투자 체크리스트]

	체크 항목	내용
필요조건	사업의 실체	확실
	고평가 여부	부진 ~ 보통
충분조건	높은 성장성	보통
	동종업계 주가	부진
	정책지원 여부	보통
	상장 가능성	보통

5. 비상장 주식과 세금

코넥스

K-OTC

일반 비상장

우리는 일반적으로 상장주식을 매매할 때 세금에 관하여 크게 신경 쓰지 않는다. 2020년 9월 현재 기준으로, 특별한 케이스가 아니라면 매매차익으로 번 자본소득에 대해서는 비과세고, 또 매도할 때마다 일정부분이 떼이는 거래세는 매도시 자동으로 원천징수가 되기 때문이다. 따라서 일반 투자자라면 상장주식을 매매할 때 세금걱정을 해본 적이 드물 것이다. 그런데 비상장 주식의 경우에는 상장주식보다 세제가 복잡하거니와 세금납부를 시스템에서 자동적으로 진행해주지 않기 때문에 본인이 꼼꼼히 챙기지 않다가 나중에 추징당하는 경우 벌금을 물 수 있기 때문에 주의해야한다. 그러면 시장별로 세금이 어떻게 부과되는지 확인해보도록하자.

코넥스

코넥스 시장은 존재의 목적 자체가 벤처 또는 중소기업들이 코스피/코스닥 상장사로 성장하기 위한(이전 상장을 위한) 발판이 되는 시장으로써 여러가지 혜택이 많다.

첫번째로, 매매차익에 부과하는 양도소득에 관해서는 코스피 및 코스닥과 차이가 없다. 즉, 기본적으로 양도소득에 매기는 세금은 없는 것이다. 단, 2020년 기준으로 연말 주주명부 확정일까지 한 종목당 3억원 이상을 보유하고 있을 경우 매도차익에 대해 20% ~ 25%의 세금을 납부 해야 한다(현재 국회에서 3억원 기준에 대해 완화를 추진중으로 해당 내용은 추후 바뀔 수 있다). 다만, 현 정부가 발표한 금융세제개편안에 따라 2023년부터 연간 5천만원을 초과하는 매도차익에 대해서 20% ~ 25%의 세금을 물릴 예정이라는 것은 참고하고 있자.

두번째로 거래세에 관련해선 코스피/코스닥 시장보다 낮은 세율로 부과하고 있다. 2020년 현재 코스피/코스닥 시장의 거래세율은 0.25%로 매도시 원천징수를 통해 자동으로 부과된다. 반면 코넥스 시장의 경우 0.10%로 상대적으로 저렴하다.

K-OTC

K-OTC의 경우도 비상장 주식 거래활성화 및 중견/중소 기업들을 지원하기 위해 운영되는 시장으로 일반 비상장 주식보다 세금혜택이 존재한다.

마찬가지로 양도소득세부터 살펴보면, 2020년 현재기준 소액주주가 중소, 중견기업의 주식을 양도할 경우 양도소득세 비과세가 적용이 된다. 소액주주의 범위는 현재 지분율 4% 또는 종목별 보유액 10억원 미만인 경우이고, 2021년 4월부터는 지분율 4% 또는 종목별 보유액 3억원 미만인 경우에 한정한다. 반면에 대기업으로 분류되는 주식을 K-OTC 시장에서 매도할 경우 일반 비상장 주식과 세금이 동일한데, 소액주주일 경우 양도차익에서 기본공제 250만원을 제외한 금액의 20%를 납부해야 한다.

거래세는 2020년 현재 매도시 0.25%를 부과하므로 코스피/코스닥시장과 동일한 세율이지만, 일반 비상장 기업의 거래세인 0.5%보다는 저렴하다.

일반 비상장

일반 비상장 기업의 경우는 세제혜택이 사실상 없다고 봐도 무방하다.

소액주주의 양도소득세의 경우 양도차익에서 기본공제 250만원을 차감한 후 중소기업의 경우 10%를, 대기업의 경우 20%를 납부하면 된다. 거래세는 매도금액의 0.45%를 납부하면 된다.

일반 비상장 기업의 양도소득세와 거래세는 원천징수로 자동 납부되는 시스템이 아니므로 홈택스에 직접 신고를 해야한다. 신고기한은 신고의무가 발생한 일의 반기말에서 2개월 이내이다. 예를 들어 비상장 주식을 '20년 8월 9일에 매도했다고 가정해보자. 그럼 매도일이 속한 반기말은 12월 31일이다. 그리고 그 반기말의 2개월 이내이니까 거래세와 양도소득세는 '21년 2월 28일까지 신고하여 납부해야 한다.

납부방법은 국세청 홈택스(www.hometax.go.kr)에서 진행하면 되는데, 홈택스에 (주식)양도소득세 납부에 관해 자세히 나와있으니 참고하여 납부하면 된다. 증권사나 세무사에 따라 납부를 대행해주는 곳도 있는데, 수수료는 보통 양도금액의 1~2% 수준이다.

차익의 1~2%가 아니라 양도금액의 1~2%로 비교적 크기 때문에 수수료가 부담된다면 별로 어렵지 않으니 직접 하는 것을 추천한다.

[그림 5-1] 국세청 홈택스 양도소득세 화면

에필로그

대한민국은 평균적으로 1년에 얼마나 성장할까?

1년 경제성장률이 2.5%정도 되니까 이 숫자로 말하면 될까?

아니다 물가 상승률도 고려해야한다. 물가 상승률을 1.5%라고 치면 명목 경제성장률은 4%쯤 된다. 즉, 물가 상승을 포함한 경제성장률이 연 4%수준이다. 원화 기준으로 대한민국의 부가 연평균 4% 증가한다는 뜻이다.

그렇다면 나는 어떠한가? 여러분은 어떠한가?

내가 가장 마지막으로 근무했던 직장은 업계에서 1위를 하고 있는 굴지의 금융 대기업이었다. 그곳의 연평균 연봉 인상은? 1.5%정도였다. 많아도 2%는 잘 넘지 않았다. (진급에 따른 연봉상승을 주장할 수도 있다. 그러나 이는 틀린 지적이다. 왜냐하면 내가 진급해서 연봉이 오른다 하더라도, 그 연봉은 1년전 그 직급의 직원이 받던 연봉보다 대한민국 평균 대비 가치가 줄어들었기 때문이다.)

이상하다? 사회에서 최상위 교육을 이수한 사람들이 근무하는 업계 1위의 기업에서 매일같이 8시에 출근해서 6~7시에 퇴근하고 주말 틈틈이 자기계발 하는 이들의 연봉 상승률이 대한민국 평균성장률의 절반도 안된다고? 이들이 대한민국 평균보다 일을 덜하는 사람들인가? 이들이 대한민국 평균보다 능력이 부족한가?

대한민국이 이상한건가? 아니다 미국 유럽도 다 마찬가지다. 전세계 어디를 살펴봐도 평균 직장인의 연봉상승은 그나라의 명목성장률을 못 쫓아간다.

그 이유는 무엇일까?
크게 세 가지이다.

첫번째로 압도적인 성장을 보이는 섹터가 평균 상승을 견인한다. 두번째로 자산성장률이 전체 성장률을 견인한다. 마지막으로는 AI, 자동화 등의 도입으로 인간이 기계에 비해 만들어 낼 수 있는 부가가치의 몫이 작아지고 있다.

원인을 알았으니 대한민국 평균 이상으로 상장할 수 있는 답은 정해져 있다.

첫번째, 성장산업에서 창업하거나 근무하라
두번째, 성장산업이나 성장산업의 유동성이 흘러 넘어올 수
        있는 기업/부동산에 투자하라
세번째, AI 및 자동화 등 기계/컴퓨터의 부가가치를 늘릴 수

있는 분야의 인재가 되거나, 반대로 이들이 침범할 수
없는 예술 등의 학문을 공부하여 내 가치를 올려라.

첫번째는 여러분이 아직 직업을 구하지 않았다면, 유용한
팁이다. 그렇지만 이글을 읽는 독자 대부분은 이미 일을 하고
있으며 업계내 이직은 가능할지 몰라도 아예 업종을 바꾸기는
쉽지 않을 것이다.

세번째는 여러분이 아직 전공을 선택하지 않았다면, 또는 해당
분야에 엄청난 재능이 있다면 좋은 선택이다. 그러나 그 전공을
한다고 해도 나의 적성과 맞는다는 보장이 없고, 엄청난 재능은
쉽게 주어지지 않는다.

자 그럼 가장 간단한 방법이 하나 남는다.
성장산업의 주식을 사거나 성장산업의 유동성이 흘러 넘어올 수
있는 부동산에 투자를 한다.

투자가 절대 쉽다는 말이 아니다. 그러나 첫번째 그리고 세번째
방법과 비교할 경우 상대적으로 일반인들이 접근하기 쉽다는
말이다.

자 이제 알겠는가?
4년제 대학교를 졸업하고, 토익점수 관리하면서 주말에 틈틈이

자기계발서적을 읽고 자격증 공부를 하는 당신의 연봉이 왜 대한민국 평균 성장률 보다 낮을 수 밖에 없었는지. 그리고 이를 극복하기 위해 당신이 왜 투자를 해야만 하는지

아무리 근면 성실하게 일을 하더라도 투자에 관심을 두지 않으면 점점 대한민국의 평균보다 상대적으로 가난해질 수 밖에 없다. 이것이 바로 당신이 투자를 해야 하는 이유이다.